TRAITÉ THÉORIQUE ET PRATIQUE

DU SERVICE

DES DIRECTIONS DÉPARTEMENTALES

DES

POSTES ET TÉLÉGRAPHES

PAR

ALBERT HÉO

COMMIS DE DIRECTION A NANTES

(Lauréat des Examens d'admission aux Emplois supérieurs (Session de 1877)

PRIX : Broché, 3 fr. 75 -- Relié, 4 fr. 75

EN VENTE

CHEZ L'AUTEUR-ÉDITEUR

Rue de Launay, 6, NANTES

1882

TRAITÉ THÉORIQUE ET PRATIQUE

DU

SERVICE DES DIRECTIONS DÉPARTEMENTALES

DES

POSTES ET TÉLÉGRAPHES

NANTES, IMPRIMERIE DE L'OUEST.

TRAITÉ THÉORIQUE ET PRATIQUE

DU SERVICE

DES DIRECTIONS DÉPARTEMENTALES

DES

POSTES ET TÉLÉGRAPHES

PAR

ALBERT HEO

COMMIS DE DIRECTION A NANTES

(Lauréat des Examens d'admission aux Emplois supérieurs (Session de 1877)

PRIX : Broché, 3 fr. 75 — Relié, 4 fr. 75

EN VENTE

CHEZ L'AUTEUR-ÉDITEUR

Rue de Launay, 6, NANTES

1882

PRÉFACE

Le développement sans cesse croissant du double
service des Postes et Télégraphes depuis sa formation
en Ministère spécial ; les nouvelles branches importantes qui viennent d'être soudées aux anciennes
et ajoutent encore à l'intérêt qui s'attachait déjà aux
premières conceptions de M. Cochery ; en un mot
la transformation presque complète de notre ancien
système imposent, non-seulement aux agents d'exécution, mais aussi et surtout aux agents du service
administratif, des devoirs impérieux et une étude
de tous les instants s'ils veulent faire éclore cette
initiative que l'Administration est heureuse de ren-
contrer à tous les degrés de la hiérarchie.

Dans la plupart des directions le personnel a dû

être renforcé par de jeunes agents qui, quoique spécialement choisis, sont encore forcément inexpérimentés. D'un autre côté, les nombreuses préoccupations des chefs de service ne leur permettent plus, comme autrefois, de former eux-mêmes leurs jeunes collaborateurs qui se trouvent, par suite, souvent livrés à leurs faibles connaissances.

C'est dans le but de venir en aide à ces derniers, c'est aussi avec l'espoir de rendre moins laborieuse la tâche des agents expérimentés chargés de les guider dans leurs débuts, que j'ai osé entreprendre la rédaction de cet ouvrage dont l'utilité me paraissait démontrée, mais qui eût certainement gagné à sortir de mains plus autorisées que les miennes.

En publiant le « **Traité théorique et pratique du service des Directions départementales des Postes et Télégraphes** » je n'ai été guidé par aucun intérêt matériel; je n'ai eu qu'un objectif: l'intérêt du service et les moyens d'en faciliter l'exécution. J'ai cédé au désir qu'ont bien voulu m'exprimer plusieurs collègues, et je tiens à affirmer que mon travail serait longtemps resté à l'état de manuscrit si sa publication n'avait été chaleureusement encouragée par plusieurs chefs de service, dont l'un (des plus jeunes et des plus expérimentés, sous les ordres duquel j'ai fait mes débuts dans le service des directions) a daigné ajouter à ses conseils une bienveillante coopération. Qu'il veuille bien recevoir ici l'expression de ma respectueuse reconnaissance et des sentiments de dévouement qu'elle m'inspire.

Je tiens également à témoigner ma vive reconnaissance aux nombreux souscripteurs qui se sont empressés de m'accorder leur confiance si flatteuse. Mes efforts seront largement récompensés si je parviens à la justifier par une œuvre utile.

Le « **Traité du Service des Directions** » est divisé en trois parties principales qui comprennent : la 1re, *les travaux pratiques et périodiques des Commis de Direction ;* la 2e, *les travaux généraux du Service administratif ;* la 3e enfin, *le Service extérieur, c'est-à-dire les travaux des Inspecteurs ou Sous-Inspecteurs et des Brigadiers-facteurs.*

Sur la demande d'un certain nombre de souscripteurs j'ai fait ménager, entre chaque chapitre, deux feuillets en blanc destinés à recevoir les annotations ; de cette façon le volume pourra être tenu très-proprement au courant des modifications. Il suffira d'un renvoi en regard de l'article modifié.

Si la plupart de mes souscripteurs le désirent, je

ferai paraître, tous les deux mois et moyennant
1 fr. 50 par an, des annotations gommées. Je ne
puis toutefois m'engager dans cette voie sans être
assuré de 200 adhésions au moins. Dans le cas d'af-
firmative l'abonnement à ces annotations ne sera
payable qu'après réception de la première feuille.

J'ose espérer que mon ouvrage justifiera les
marques de sympathie et de confiance dont j'ai été
l'objet au moment où je l'ai annoncé ; j'ose espérer
aussi que mes supérieurs, comme mes collègues,
voudront bien m'en faire la critique et me signaler
les erreurs qui auraient pu s'y glisser, malgré le
soin scrupuleux apporté à la révision des épreuves ;
je les en remercie à l'avance.

Nantes, le 30 juillet 1882.

L'AUTEUR-ÉDITEUR,

ALBERT HÉO.

TRAITÉ THÉORIQUE ET PRATIQUE

DU

SERVICE DES DIRECTIONS DÉPARTEMENTALES

DES

POSTES ET TÉLÉGRAPHES

PREMIÈRE PARTIE

TRAVAUX PÉRIODIQUES DES COMMIS DE DIRECTION

CHAPITRE PREMIER

§ Ier. — VÉRIFICATION DES ARTICLES D'ARGENT ET OPÉRATIONS QUI S'Y RATTACHENT.

1. **Établissement & transmission par les Receveurs de la comptabilité des articles d'argent.** — La comptabilité des articles d'argent établie par chaque receveur se résume, par quinzaine, sur quatre états distincts ci-après désignés.

Pour les articles reçus (mandats français), l'état n° 662; pour les articles reçus (mandats internationaux), l'état n° 662 *bis* auquel doit être joint, s'il y a lieu, un état n° 662 *bis* annexe (rose) lorsqu'il a été délivré des mandats pour les États-Unis.

Ces états mentionnent : la date de l'émission des

mandats, leur numéro, le nom des déposants, les noms et qualités des destinataires, les bureaux sur lesquels ils sont tirés, leur montant et enfin le droit perçu.

Les mandats-cartes, les mandats d'abonnement et les mandats télégraphiques y sont inscrits à la fin; chaque catégorie sous la rubrique qui lui appartient.

Les inscriptions des mandats de recouvrement sont faites à leur rang de N° et de date, mais elles doivent être précédées en marge de la lettre R à l'encre rouge.

Les articles d'argent payés (mandats français), sont enregistrés sur un état n° 50; les mandats internationaux sur un état n° 50 *bis*, auquel il est joint un état n° 50 *bis* annexe (rose) lorsque des mandats provenant des États-Unis ont été payés pendant la quinzaine.

Les titres, dûment acquittés, timbrés du jour du payement et numérotés suivant l'ordre de leur inscription aux états, sont joints à ces documents de comptabilité.

La comptabilité des articles d'argent doit être envoyée au Directeur, le 1er et le 16 de chaque mois au plus tard en un paquet sous bandes croisées.

2. Comptes sommaires à établir en fin de mois. — L'envoi de la 2° quinzaine des articles d'argent doit être accompagné de comptes sommaires n°s 51, 51 *bis*, 52 et 52 *bis* récapitulant les opérations effectuées pendant le mois entier et quinzaine par quinzaine. Ces comptes sommaires doivent mentionner, s'il y a lieu, les augmentations ou diminutions prononcées, par arrêtés de l'Administration, sur les opérations du mois précédent. *En cas d'omission, le montant de ces opérations est porté d'office par l'agent vérificateur.*

3. Vérification des articles reçus. — États 662

& 662 bis. — Comptes sommaires 51 & 51 bis. — L'agent chargé de la vérification des articles reçus doit d'abord s'assurer, au moyen des inscriptions portées au reg. n° 717 dont il sera parlé plus loin, qu'il n'y a aucune interruption entre le N° du dernier mandat délivré la quinzaine précédente et le 1er N° de l'état qu'il vérifie. Il procède ensuite à la révision des additions de cet état, et son attention doit porter tout particulièrement sur les perceptions qui peuvent être et sont en effet souvent erronées.

Les erreurs d'addition ainsi que les fausses perceptions sont corrigées à l'encre rouge et, si les résultats définitifs modifient les résultats primitifs déclarés par les comptables, tant aux états qu'aux comptes sommaires, ces derniers documents doivent eux-mêmes être modifiés en conséquence.

Les erreurs relevées en vérification sommaire sont notifiées au Receveur principal au moyen du bulletin N° 823 ter, afin qu'il puisse lui-même motiver les corrections qu'il est chargé d'opérer sur les bordereaux mensuels N° 40-32 des receveurs en cause. — Le bulletin N° 823 ter, dressé pour la comptabilité mensuelle seulement, n'est pas établi négativement.

LA VÉRIFICATION SUR PIÈCES DES ARTICLES D'ARGENT REÇUS APPARTIENT EXCLUSIVEMENT A L'ADMINISTRATION.

4. Vérification des articles d'argent payés. — États N°s 50 & 50 bis. — Comptes sommaires N°s 52 & 52 bis. —La vérification des articles d'argent payés consiste : 1° à repasser avec soin les additions des états 50 et 50 *bis* et à en rapprocher les résultats de ceux consignés aux comptes N°s 52 et 52 *bis*. *C'est ce qui constitue la vérification sommaire*; 2° à s'assurer, au moyen d'un pointage , que les titres mis à l'appui des états sont présents , qu'ils n'ont pas été payés après péremption sans avoir été visés pour date , qu'enfin rien n'empêche la validité des payements effectués.

L'agent vérificateur doit aussi s'assurer que les mandats ont reçu au dos le numéro d'enregistrement et l'application du timbre à date du jour du payement, qu'ils sont acquittés. *C'est ce qu'on appelle la vérification sur pièces.*

Les erreurs d'addition sont rectifiées à l'encre rouge, tant aux états qu'aux comptes sommaires, et elles sont notifiées au Receveur principal au moyen du bulletin de vérification sommaire N° 823 quater.

Les erreurs d'une autre nature qui se rapporteraient soit à l'inscription d'une somme plus forte ou plus faible que celle réellement portée au mandat , soit à l'omission de l'enregistrement ou à la double inscription d'un ou plusieurs mandats à l'état N° 50 ou 50 *bis*, sont signalées à l'Administration à la fin de l'état entaché d'erreur, lequel ne peut, dans ce cas, être modifié d'office , les erreurs de l'espèce étant le résultat de la vérification sur pièces et devant donner lieu, plus tard , à l'établissement d'un arrêté spécial de l'Administration.

5. Tenue du registre N° 717. — Lorsque la vérification sommaire des articles d'argent est terminée, les résultats , rectifiés s'il y a lieu , sont immédiatement portés au registre N° 717.

Ce registre, divisé en deux parties, l'une pour les *mandats français*, l'autre pour les *mandats internationaux*, présente autant de comptes qu'il y a de receveurs dans le département , et chaque compte est disposé de façon à recevoir, par quinzaine, tant pour les recettes que pour les dépenses, l'inscription des opérations effectuées. Des

colonnes y sont ménagées pour mentionner le montant
des arrêtés spéciaux parvenus pendant le mois.

Après l'inscription de la dernière quinzaine, les opérations des deux quinzaines sont réunies dans les colonnes
à ce réservées, et les résultats définitifs obtenus doivent
concorder exactement avec ceux que présentent les
comptes sommaires après rectifications.

**6. Établissement des certificats de recettes &
de dépenses N°s 263, 275, 263 bis, 275 bis &
des certificats annexes.** — Les inscriptions au
registre N° 717 étant terminées, il y a lieu de procéder
à l'établissement des certificats de recettes et de dépenses
des articles d'argent. Ces certificats sont établis en double
expédition *et contradictoirement;* l'une des expéditions, d'après les totaux rectifiés des comptes som-
maires N°s 51, 52, 51 *bis* et 52 *bis*, l'autre, d'après les
résultats des états 50, 50 *bis*, 662 et 662 *bis* inscrits au
livre N° 717 dont il vient d'être parlé. *Les deux expéditions de chaque certificat sont ensuite colla-
tionnées après report des opérations des mois
antérieurs.*

*Il est également établi, mais pour l'Administration
seulement, deux certificats annexes N°s 263 bis et 275
bis concernant les articles d'argent reçus et payés à
destination ou provenant des États-Unis. Ces certificats résument du reste les états et les comptes
sommaires annexes établis par les bureaux et dûment vérifiés.*

**7. Envoi des certificats au Ministère & au
Receveur principal.** — Aussitôt après l'établissement
des certificats mentionnés plus haut, une expédition de
chacun d'eux est transmise au Ministère avec les comptes

sommaires classés par catégorie et dans l'ordre alphabétique. *Cet envoi est réuni en un seul paquet, revêtu de l'étiquette spéciale N° 51, et doit être transmis le 5 de chaque mois.*

L'autre expédition des certificats est envoyée, à la même date et plus tôt, si faire se peut, au receveur principal, avec les bulletins de vérification sommaire N°ˢ 823 *ter* et 823 *quater*, pour lui servir à l'établissement de sa comptabilité départementale.

8. Tenue du registre N° 717 bis. — Le registre N° 717 *bis* faisant corps avec le registre N° 717, sert à enregistrer également, quinzaine par quinzaine, récapitulées par mois, et bureau par bureau, tant pour les mandats français que pour les mandats internationaux, le nombre d'articles d'argent délivrés par catégorie de 10 fr. et au dessous, de 10 à 100 fr. exclusivement, et de 100 fr. et au dessus.

C'est sur le registre 717 *bis* que sont puisés les renseignements servant à établir les états N°ˢ 51-52 *ter*, 51-52 *quater* qui doivent être transmis au Ministère le 10 de chaque mois, comme l'indique l'art. 16 ci-après.

9. Notification au Ministère du nombre des avis de payement. — Les 2 et 17 de chaque mois, l'agent chargé de la vérification des articles reçus, doit éablir à la main un tableau faisant connaître le nombre d'avis de payement de mandats demandés, pendant la quinzaine précédente, dans les bureaux du département.

Il puise ces renseignements sur les états N° 662, dans le petit cadre ménagé à cet effet.

**10. Notification au Ministère du nombre et

du montant des mandats d'abonnement. — Aux dates ci-dessus fixées, un relevé également établi à la main et présentant le nombre, le montant des mandats d'abonnement et le droit perçu, doit être transmis au Ministère.

11. Envoi du bordereau N° 15 récapitulatif & des bordereaux N° 15 établis par les bureaux. — Au moment de la vérification sommaire de chaque quinzaine, il est établi, pour le Ministère, un bordereau récapitulatif N° 15 accompagné des bordereaux de même nature établis exclusivement par les bureaux admis au au service des *mandats-cartes français*. Ce bordereau donne d'abord le nombre des mandats-cartes recommandés et le montant de la taxe de recommandation; il offre ensuite le nombre, le montant et le droit perçu des mandats-cartes, d'un côté, et de l'autre, les mêmes renseignements pour les mandats ordinaires.

Ces documents, réunis au Ministère, lui permettent d'établir une comparaison entre les mandats de chaque catégorie.

12. Envoi des bordereaux N° 15 bis relatifs aux mandats internationaux émis. — Tous les receveurs sont chargés d'établir, chaque quinzaine, un bordereau N° 15 *bis* des mandats étrangers émis qui présente, d'un côté, le montant des mandats-cartes et le droit perçu ; de l'autre, les mêmes renseignements pour les mandats ordinaires. Ces bordereaux sont réunis à la direction et récapitulés sur une formule semblable avec laquelle ils sont expédiés au Ministère, en même temps que ceux dont il est parlé dans l'article précédent.

**13. Bordereau récapitulatif des mandats télégraphiques émis pendant le mois. — Il est également transmis au Ministère, mais après la vérification sommaire mensuelle seulement, un bordereau N° 150 · présentant, par quinzaines réunies ensuite en totaux généraux, le nombre, le montant des mandats télégraphiques émis et le droit perçu sur ces mandats.

14. Redressement des erreurs reconnues en vérification sur pièces. — États N°s 288 bis & 320. — A la suite de la vérification sommaire, l'agent chargé du contrôle des mandats payés doit procéder à la vérification sur pièces, comme l'indique l'article 4 qui précède.

Les erreurs et irrégularités diverses relevées à la suite de ce contrôle sont redressées, soit directement au moyen de la formule N° 320 pour les agents apppartenant au département, soit par notifications adressées, sur formules N° 288 *bis*, aux directeurs des départements auxquels appartiennent les bureaux en cause.

Envoi au Ministère des états N°s 662, 662 bis, 50, 50 bis et annexes avec pièces à l'appui. — Aussitôt après avoir été vérifiés comme il est dit ci-dessus, les états de quinzaine sont adressés au Ministère en un seul paquet, *recouvert de l'étiquette n° 610*, qui doit être inscrit au bulletin N° 13.

Ce paquet est subdivisé comme suit :

Les états N°s 662 et 50 réunis sous un croisé de ficelle avec les mandats français payés ; les états N°s 662 *bis*, 50 *bis* et annexes, et les mandats internationaux payés, placés sous une enveloppe portant la mention « *mandats interna'ionaux* ».

IL DOIT PARVENIR AU MINISTÈRE LES 7 ET 20 DE CHAQUE MOIS AU PLUS TARD.

16. Envoi au Ministère des états récapitulatifs N°ˢ 51-52 ter, 51-52 quater. — Indépendamment des certificats mensuels et des comptes sommaires qui les accompagnent, les directeurs transmettent à l'Administration, *le 10 de chaque mois au plus tard,* deux états N°ˢ 51-52 *ter* et 51-52 *quater*, qui résument, pour tout le département, *le nombre, par catégorie,* des mandats français et étrangers émis pendant le mois précédent.

Ces états sont établis d'après les résultats consignés au livre N° 717 *bis* dont il a été parlé à l'article 8.

17. Certificats annuels des articles d'argent N°ˢ 709, 709 bis, 804 & 804 bis. — Les Directeurs doivent fournir, le 10 février de chaque année, tant à la Direction générale de la comptabilité publique qu'à l'Administration, les certificats ci-après désignés, qui résument, bureau par bureau, les opérations d'articles d'argent de toute l'année précédente.

Ces certificats annuels sont :

1° Le certificat N° 709 pour les articles reçus français ;

2° Le certificat N° 709 *bis* pour les articles reçus internationaux ;

3° Le certificat N° 804 pour les articles français payés ;

4° Enfin le certificat n° 804 *bis* pour les mandats internationaux payés.

Ces documents doivent être rapprochés de la récapitulation du registre N° 717, du bordereau N° 12 *bis* de Décembre du Receveur principal et présenter avec eux une parfaite concordance.

En cas de mutation de receveurs ordinaires, les opérations des nouvelles gestions sont reportées à la fin des certificats.

En cas de mutation de receveurs principaux, il est établi, pour la comptabilité publique seulement, un cer-

tificat annuel pour chaque Receveur principal; les opérations consignées à chacun de ces certificats doivent
présenter dans leur ensemble, un résultat égal à celui
du certificat destiné à l'Administration.

**18. Recommandations aux agents chargés de
la vérification des articles d'argent.** — Le développement toujours croissant du service des articles
d'argent justifie amplement l'importance qu'attache le
Ministère à une vérification sérieuse, et autant que
possible approfondie, dans les directions départementales; aussi les agents chargés de ce travail doivent-ils
y apporter leurs soins les plus scrupuleux.

Certaines erreurs de détails se répétant trop souvent
dans les mêmes bureaux doivent être l'objet de lettres
de rappel qui produisent plus d'effet qu'une formule
imprimée qu'on est accoutumé de recevoir périodique-
ment.

Lorsqu'une erreur relevée à la direction dans les états
d'articles d'argent doit se traduire par un forcement ou
un dégrèvement d'une certaine importance, elle est
signalée à l'encre rouge sur l'état erroné, comme l'indique du reste l'article 4; mais il y a lieu en outre de
demander d'office, à l'agent en cause, des explications
sur procès-verbal N° 410 dressé en double expédition,
lequel est en outre transmis à l'Administration avec les
conclusions que comporte l'affaire. Les erreurs de cette
nature dénotent tout au moins un certain désordre dans
la tenue des écritures de comptabilité.

§ II. — RECOUVREMENTS DE VALEURS COMMERCIALES.

Les opérations relatives aux recouvrements des valeurs commerciales relevant du service des articles d'ar-

gent et se traduisant du reste par l'établissement de mandats ordinaires, doivent, en ce qui concerne le travail des directions, trouver place dans ce chapitre.

Elles consistent dans l'établissement des documents périodiques ci-après désignés.

19. États mensuels N° 215 ter. — Les états N° 215 *bis* établis par les Receveurs d'après les résultats consignés à leur registre N° 215 sont transmis le dernier jour du mois à la direction, où, après avoir été contrôlés, on en forme un seul état statistique, portant le N° 215 *ter*, qui doit être envoyé au Ministère le 3 de chaque mois au plus tard.

Cet état présente, par colonnes, le nombre d'envois collectifs reçus dans le département, le nombre total des valeurs à recouvrer, le montant total de ces valeurs, le nombre et le montant des valeurs recouvrées, le nombre et le montant des valeurs non-recouvrées, les sommes perçues au profit du Trésor et enfin celles payées aux receveurs et aux facteurs à titre de remises.

La statistique mensuelle des recouvrements pour l'étranger est établie également sur la formule N° 215 *ter*, mais à raison d'une par chaque pays désigné en tête de l'état.

20. Relevé statistique du nombre et du montant des valeurs à protester. Formule N° 203. — Indépendamment de l'état N° 215 *ter*, le directeur doit faire établir en même temps un relevé N° 203 indiquant, en une seule ligne, le nombre et le montant des valeurs à protester remises pendant le mois par les receveurs aux huissiers et notaires du département.

Ces renseignements sont puisés dans le tableau que les comptables doivent établir à la main au dos de leur relevé N° 215 *bis*.

21. Statistique trimestrielle des recouvre-ments. N° 215 quinquiès. — A la fin de chaque tri-mestre les opérations de recouvrements sont récapitulées sur un état statistique N° 215 quinquiès présentant les mêmes divisions que l'état mensuel N° 215 *ter*.

Cet état est également transmis au Ministère le 3 du mois qui suit le trimestre écoulé.

22. Etats N°° 205 *bis* et 206 *bis* des consi-gnations pour protêts. — Les consignations pour protêts sont relevées sur un état N° 205 *bis* accompagné des avis de consignation N° 207. Les remboursements effectués à la suite de paiement à l'échéance sont relevés sur un état N° 206 *bis* accompagné des bulletins de dépôt.

Ces états sont visés en fin de mois par le Directeur pour être ensuite joints à la comptabilité départementale.

CHAPITRE II

Vérification de la Comptabilité mensuelle du Produit de la Taxe des Correspondances.

§ Ier. — COMPTE SPÉCIAL DE LA TAXE
DES CORRESPONDANCES ET PIÈCES Y ANNEXÉES.

23. Compte spécial N° 25. — Sa division. —
La comptabilité mensuelle des receveurs relative à la
taxe des correspondances se résume sur un compte spécial
N° 25 appuyé des états et pièces qui s'y rapportent.

La 1re page de ce compte est divisée en *deux parties*
donnant le détail des opérations, tant en produit brut
qu'en non-valeurs. Le total des non-valeurs, déduit au
bas de cette page du produit brut, donne le produit net
qui doit former le premier article de recette du bordereau mensuel N°s 40-32. *C'est là le but essentiel du
Compte N° 25.*

Les autres divisions de ce compte se composent des
4 tableaux ci-après désignés : Le tableau N° 1 fait
ressortir les produits et les non-valeurs constatés depuis
le 1er janvier jusqu'au dernier jour du mois écoulé; le
2e tableau est la copie du bordereau mensuel N° 40-32,
avec report des opérations antérieures en regard de

chaque article de recette et de dépense; le 3ᵉ tableau constate le *produit vrai* de la taxe des correspondances pendant le mois, comparé au même produit du mois correspondant de l'année précédente. Enfin le 4ᵉ tableau qui va disparaître incessamment, est la récapitulation des opérations développées, par bureaux correspondants et par dépêches, à l'état N° 31 dont la suppression sera le résultat de l'application de l'instruction N° 288, de mars 1882, qui généralise l'emploi des chiffres-taxes pour la taxation des objets non affranchis ou insuffisamment affranchis.

24. Etats et pièces à joindre par les receveurs à l'appui du produit brut. Etat N° 31 (pour mémoire). — L'état 31 est le document de comptabilité sur lequel les receveurs inscrivent jusqu'à présent, jour par jour et bureau par bureau, le montant des lettres taxées et réexpédiées reçues des bureaux correspondants, ainsi que les résultats du contrôle exercé sur les dépêches arrivantes lorsqu'ils se traduisent par des plus ou des bons-trouvés.

Tous ces produits partiels, récapitulés au tableau N° 4 du compte 25, forment les articles 1, 2 à 5 du produit brut qui seront supprimés comme l'état N° 31 lui-même, et remplacés plus utilement par le nouveau mode de taxation au moyen de chiffres taxes réservé exclusivement au bureau d'arrivée.

25. Relevés récapitulatifs des droits de poste perçus à l'occasion des affaires criminelles et correctionnelles. — L'article 1 *bis* du produit brut du compte 25 relatif aux droits de poste perçus à l'occasion de l'instruction des affaires criminelles et correctionnelles, en vertu de la loi du 5 mai 1855, est maintenu par les nouvelles dispositions de l'instruction N° 288 sus-rappelées. Ces recettes sont justifiées au compte N° 25 par la production des relevés récapitulatifs établis, suivant le cas, par les Trésoriers-Payeurs généraux ou les Directeurs de l'Enregistrement, des Contributions indirectes, des Douanes, des Postes et Télégraphes.

Elles sont réalisées par trimestre seulement : au moyen d'un mandat budgétaire délivré par le Préfet au nom du Receveur principal des Postes et Télégraphes du département, lorsqu'il s'agit de recettes effectuées par le Trésorier-Payeur général ou ses subordonnés ; en ce qui concerne les autres administrations, le montant du relevé est touché directement, aux caisses de leurs comptables, par le Receveur principal des Postes et Télégraphes, sur sa quittance donnée au dos du duplicata desdits relevés.

26. Fiche récapitulative N° 964 quater (Prise en charge des timbres-poste et des chiffres-taxes). — La fiche récapitulative N° 964 quater présente, par catégorie et en autant de lignes qu'il y a eu d'envois différents, le montant des timbres-poste, cartes postales et chiffres-taxes reçus pendant le mois. Les totaux de cette fiche forment les articles 8 et 9 de la 1ʳᵉ partie du compte N° 25, et le droit de 1 % placé au-dessous de ces totaux forme l'article 5 des non-valeurs.

Les résultats consignés sur la fiche N° 964 quater doivent se rapporter exactement à ceux que présentent les lettres d'envoi N° 964 et les inscriptions portées au registre N° 1009, tenu à la Direction, dont il sera parlé plus loin.

27. Etat N° 29. Affranchissements en numéraire pour l'intérieur. — L'état N° 29 est le document sur lequel les receveurs inscrivent, jour par jour, le montant des listes nominatives N° 9 dressées pour accompagner les objets affranchis en numéraire; ces listes font retour à la direction du département d'origine dans les premiers jours du mois suivant.

On inscrit aussi, sur le même état, le montant des bordereaux d'affranchissements en numéraire des journaux et écrits périodiques pour l'intérieur déposés en dernière limite d'heure. Les recettes constatées à l'état N° 29 forment les articles 9 et 10 du produit brut du compte N° 25.

A l'état N° 29 sont annexés, comme pièces justificatives, les bordereaux déclaratifs des bandes présentées au timbrage par les éditeurs et, le cas échéant, les bandes timbrées qui, pour une cause quelconque, n'ont pu être employées.

28. Etat N° 262. Correspondances locales et rurales affranchies en numéraire. — Le montant des affranchissements en numéraire des journaux et imprimés de la ville pour la ville et pour l'arrondissement rural, est porté jour par jour sur un état N° 262 dont le total forme l'article 11 du produit brut de la taxe.

REMARQUE. *Cet état servait aussi à consigner les compléments de taxe appliqués aux correspondances de la ville pour la ville, de la ville pour l'arrondissement rural et réciproquement, à celles extraites des boîtes mobiles pour les mêmes destinations, insuffisamment affranchies au moyen de timbres-poste; mais les dispositions de l'instruction N° 288 vont heureusement modifier cet état de choses. Il en résultera que la formule N° 262 sera rarement employée.*

29. Etat N° 46. Affranchissements en numé-

raire des correspondances de et pour les établissements secondaires en relation directe avec
le bureau. — Les affranchissements en numéraire de
journaux et imprimés de la ville pour les établissements
secondaires (¹), de ces établissements pour la ville, de et
pour ces mêmes établissements secondaires, sont portés
sur un état spécial N° 43 dont le montant total forme
l'article 12 du produit brut du compte N° 25.

*(Se reporter pour l'état N° 40 à la remarque faite
pour l'état N° 262 dans l'article précédent.)*

**30. Forcements prononcés en vérification et
en révision.** — Aucun document n'est fourni, au
compte N° 25, à l'appui des forcements prononcés en
vérification ou en révision. Le montant de ces forcements portés, suivant le cas, aux articles 13 et 14 du
produit brut, sont contrôlés à la direction par le rapprochement des sommes portées au compte de celles inscrites
préalablement au registre N° 1001 et à l'état récapitulatif
N° 841 *bis* dont il est question plus loin.

**31. Etats ou pièces à joindre à l'appui des
non-valeurs du compte N° 25. Etat N° 777.** —
Les états N°ˢ 441, 35 et 21 étant transmis directement
au Ministère par les préposés avec les lettres tombées en
rebuts, sont sommairement récapitulés en fin de mois
sur un état N° 777 dont le total forme le 1ᵉʳ article des
non-valeurs au compte N° 25.

(¹) Les établissements secondaires sont :
Dans la Métropole, les bureaux de facteurs-boîtiers de l'État et les
municipaux ;
Dans les Colonies et pays étrangers, les distributions de poste et les
bureaux de facteurs-boîtiers.

32. Lettres réexpédiées. Etat N° 41. — Les receveurs se dégrèvent des lettres taxées réexpédiées en les inscrivant jour par jour, et par envois séparés aux bureaux correspondants, sur un état N° 41 qui est joint en fin de mois au compte N° 25 pour en former l'article 2 des non-valeurs.

33. Détaxes. Etat N° 443. — C'est sur un état N° 443 que les receveurs se dégrèvent du montant des détaxes opérées, tant au profit des fonctionnaires qu'à celui des particuliers et sur leur réquisition, sur les paquets de service taxés pour un motif quelconque et dont le contenu a été dûment vérifié, ainsi que sur les lettres taxées ou surtaxées à tort, soit par suite d'une fausse application des tarifs ou d'une erreur dans le poids de l'objet.

Cet état, dûment émargé par la partie intéressée est joint en fin de mois, avec pièces à l'appui, au compte N° 25 dont il forme l'article 3 des non-valeurs. Les lettres taxées pour le service sont renvoyées aux receveurs, après vérification, le 4 de chaque mois.

34. Dépêches sémaphoriques. — Bulletins de contrôle. — Les dégrèvements de taxes avancées par les receveurs pour les dépêches sémaphoriques doivent être appuyés, au compte N° 25, des bulletins de contrôle (form. A. B.) et d'une fiche sur laquelle ces bulletins sont récapitulés. — Article 4 des non-valeurs du compte N° 25.

35. Correspondances officielles pour l'Étranger. — Les correspondances officielles à destination de l'Étranger sont affranchies au tarif des lettres, et au moyen de timbres-poste, par le receveur auquel elles sont présentées avec une formule spéciale dûment signée et remplie, en ce qui le concerne, par le fonctionnaire expéditeur.

Ces formules, indiquant le montant des timbres-poste employés, déduction faite du droit de 1 %, sont soumises au visa du Directeur, puis jointes en fin de mois, avec une fiche récapitulative au compte N° 25 dont elles forment l'article 7 des non-valeurs.

36. Journal officiel à destination de l'Étranger. — Il est procédé de la même façon pour l'affranchissement du *Journal officiel* à destination de l'Étranger (article 7 *bis* des non-valeurs), mais cette opération toute spéciale est effectuée exclusivement par le receveur principal de la Seine.

37. Dégrèvements prononcés en vérification et en révision. — Ainsi qu'il a été dit à l'article 30 ci-dessus pour les forcements, les dégrèvements prononcés en vérification ou en révision ne sont appuyés d'aucune pièce ; leur constatation au compte N° 25 (art. 8 et 9), est contrôlée au moyen du registre N° 1001 et de l'état N° 841 *bis*.

Il est fait exception, toutefois, pour les recours en appel qui sont conservés par les comptables jusqu'à la fin du mois pendant lequel ils leur ont été notifiés pour être mis, à cette date, à l'appui du compte n° 25.

§ II. — Division de la vérification des correspondances en deux parties. — Vérification sommaire.

38. Dispositions générales. — De même que pour les articles d'argent, les travaux de vérification de la taxe des lettres se divisent en deux parties distinctes : d'abord la *vérification sommaire* qui a lieu dans les 5 premiers jours du mois, et ensuite la *vérification sur pièces* dont les résultats doivent être notifiés aux bureaux le 20 de chaque mois, au moyen d'arrêtés de vérification N° 841.

39. Vérification sommaire de la taxe des correspondances. — La vérification sommaire du compte N° 25 consiste dans les opérations suivantes :

1° Rapprochement de la fiche récapitulative des envois de timbres-poste, cartes postales et chiffres-taxes N° 931 *quater* du compte ouvert à chaque receveur au registre N° 1069 ; révision des additions de cette fiche et du calcul du droit de 1 % ; comparaison entre les résultats de cette fiche et ceux portés en produit brut et non-valeurs au compte N° 25.

2° Contrôle, au moyen du registre 1091 et de l'état N° 841 *bis*, du montant des forcements ou dégrèvements prescrits pendant le mois et portés en recette ou en non-valeurs, suivant le cas, au compte N° 25.

3° Vérification des totaux portés à l'état N° 777 des rebuts et rapprochement de ces totaux, réunis en un seul, avec l'article correspondant du compte.

4° Rapprochement, le cas échéant, des bulletins de contrôle des dépêches électro-sémaphoriques de la fiche récapitulative qui les accompagne ; vérification des additions de cette fiche et du report de son total au compte N° 25.

5° Enfin vérification des additions du produit brut et des non-valeurs figurant au compte et de la soustraction faisant ressortir le produit net.

40. Rectifications à opérer d'office lors de la vérification sommaire du compte N° 25. — Les erreurs reconnues au compte N° 25 en vérification sommaire sont rectifiées à l'encre rouge et les résultats de ces rectifications sont décrits sur un bulletin de vérification N° 823 destiné au receveur principal chargé de modifier en conséquence les bordereaux mensuels N° 40-32.

41. Absence ou défaut d'inscription au compte N° 25 de l'état N° 777 des rebuts. — Lorsque le compte N° 25 présente, en non-valeurs, le montant de taxes de lettres expédiées en rebuts, sans état N 777 à l'appui, la somme portée en non-valeurs est rejetée du compte. *La réduction est justifiée par ces mots : « État 777 manque. »*

Si, au contraire, l'état N° 777 est produit sans que le montant ait été employé dans les non-valeurs, la somme portée sur cet état est inscrite d'office à l'article correspondant du compte N° 25 et justifiée par les mots : *« suivant état N° 777 »* inscrits en regard de la somme portée.

42. Retrait des comptes N° 25 des pièces qui ont servi à la vérification sommaire. — A l'exception des bulletins de contrôle des dépêches électro-sémaphoriques, dont la partie A reste annexée au compte N° 25, les pièces sus-désignées, qui ont servi à la vérification sommaire, c'est-à-dire les fiches N° 904 *quater* et les états N° 777, sont retirées du compte pour être transmises à l'Administration comme il est dit aux articles 48 et 51 ci-après.

43. Certificat mensuel N° 237 de la taxe des lettres. — Les comptes N° 25 ayant été sommairement vérifiés comme il vient d'être indiqué, le résultat de chacun d'eux en produit brut, non-valeurs et produit net est reporté sur un certificat N° 237 qui doit parvenir au receveur principal le 3 de chaque mois. *Ce certificat est établi en simple expédition.*

44. Tenue du registre N° 1091. — Le 4 de chaque mois, c'est-à-dire aussitôt après l'achèvement de la vérification des comptes N° 25, les résultats définitifs consignés sur ces documents sont transcrits sur un registre N° 1091 offrant, pour cet objet, un compte à chaque receveur.

Une fois ces résultats mensuels portés, ils sont additionnés avec les opérations antérieures.

45. Tableau récapitulatif N° 25 ter de la taxe des correspondances. — Le tableau N° 25 *ter*, qui doit être adressé au Ministère *le 5 de chaque mois*, est spécialement destiné à reproduire les divers articles de chacun des comptes N° 25 du département. Les bureaux y sont classés par ordre alphabétique, la recette principale en tête suivie, s'il y a lieu, des recettes annexes portant le nom du chef-lieu avec une désignation complémentaire.

En cas de coupure de gestion, les deux comptes N° 25 sont inscrits à la suite l'un de l'autre et réunis par une accolade; le nom de chaque comptable, la date de la clôture et du commencement de chaque gestion sont mentionnés dans la colonne d'observations.

Le tableau N° 25 *ter* est terminé par un état de comparaison portant sur le produit net réalisé. S'il résulte de cette comparaison une situation anormale on doit en apprécier les causes dans le cadre ménagé à cet effet.

La 1re page du tableau N° 25 *ter* contient un tableau de renseignements statistiques qui ne sont fournis qu'une fois par an, sur l'état N° 25 *ter* expédié en février. *Ces renseignements sont puisés sur les états de statistique annuels.*

Enfin les totaux détaillés du compte N° 25 *ter* sont reportés à la récapitulation du registre N° 1091 de manière à présenter, à la fin de l'année, le montant article par article des recettes réalisées et des non-valeurs admises pour tout le département.

46. Certificat annuel N° 910. — Le 10 février de chaque année le Directeur doit adresser *à la Direction générale de la Comptabilité publique et à l'Administration* un état N° 910 qui n'est autre chose que la récapitulation de tous les comptes N° 25 *ter* de l'année, et qui, du reste, est dressé de la même façon. A ce certificat, et faisant corps avec lui, est joint le décompte des sommes perçues pour droits de poste à l'occasion des affaires criminelles et correctionnelles.

En cas de mutations pendant l'année de receveurs ordinaires, les inscriptions afférentes aux nouvelles gestions sont rejetées à la fin du certificat N° 910 dans l'ordre chronologique des installations.

Si, pendant l'année, il y a eu mutation de receveurs principaux, il est dressé, *mais pour la Direction générale de la Comptabilité publique seulement,* un certificat par receveur principal, chaque certificat ne devant comprendre que les opérations qui se rattachent à la comptabilité de chacun d'eux.

LA COMPTABILITÉ « FINANCES » ET LA COMPTABILITÉ « MATIÈRES » DES TIMBRES-POSTE, CARTES POSTALES ET CHIFFRES-TAXES RENTRANT ESSENTIELLEMENT DANS LE PRODUIT DE LA TAXE DES CORRESPONDANCES, C'EST A

CETTE PLACE Q'UIL PARAIT CONVENABLE DE S'EN OC-
CUPER.

47. Tenue du registre N°·1069. — Dans chaque direction il est tenu un registre N° 1069 portant un compte ouvert à chaque receveur et sur lequel est décrit, mois par mois et envoi par envoi, le détail des timbres-poste, cartes postales et chiffres-taxes reçus du garde-magasin et pris en charge par les comptables.

Les inscriptions au registre N° 1069 sont effectuées d'après les feuilles d'envoi N° 964 accusées, aussitôt après leur renvoi à la direction.

48. Etat mensuel N° 237 bis accompagné des lettres d'envoi N° 964 et des fiches récapitulatives N° 964 quater. — Lorsque toutes les lettres d'envoi N° 964 constituant la dernière expédition du mois sont parvenues à la direction et que leurs résultats ont été enregistrés au livre N° 1069, il est établi un état mensuel N° 237 *bis* présentant, bureau par bureau, le nombre et le montant *brut* des figurines de chaque catégorie reçues pendant le mois entier ainsi que la remise de 1 % accordée aux préposés à la vente.

Cet état, rédigé d'après le registre N° 1069, doit parvenir au Ministère le 6 de chaque mois accompagné de la 1re partie des lettres d'envoi N° 964, fixées elles-mêmes à leur fiche récapitulative N° 964 *quater*.

Les totaux généraux de l'état 237 *bis* doivent concorder exactement avec ceux des colonnes 7 et 8 du produit brut et 5 des non-valeurs du compte N° 25 *ter* dont il a été parlé plus haut.

Les opérations des mois antérieurs qui se trouvent à la récapitulation du livre N° 1069 sont ajoutées aux totaux du mois dont l'état N° 237 *bis* décrit les opérations.

49. Comptes-matière des timbres-poste, cartes postales et chiffres-taxes N° 12 quinquiès (blanc et rose). — Le 5 de chaque mois il doit être établi, également au moyen du registre N° 1009, un compte-matière, par catégorie, du nombre des timbres-poste, cartes postales et chiffres-taxes reçus dans chacun des bureaux du département.

Cet état porte le N° 12 *quinquiès* (formule blanche) et doit être mis en concordance parfaite avec les colonnes correspondantes de l'état N° 237 *bis;* il est accompagné de la 2ᵉ partie des feuilles N° 964 *(accusés de reception)* visés par le Directeur.

Un second état N° 12 *quinquiès* (formule rose) est également établi, mais il a pour objet de résumer, envoi par envoi, les quantités de timbres-poste, cartes postales et chiffres-taxes reçus en bloc, pendant le mois, du garde-magasin par le receveur principal et reparties par ce dernier. Ce deuxième compte est accompagné des accusés de réception (roses) du receveur principal également visés par le Directeur.

Les documents dont il vient d'être parlé sont transmis au Ministère sous l'enveloppe spéciale N° 965 bis.

50. Certificat annuel des timbres-poste N° 910 bis. — Le 10 février de chaque année, le Directeur adresse à la Direction générale de la comptabilité publique sur une formule N° 910 *bis,* dont il est approvisionné par le Ministère des finances, un certificat du nombre, par catégorie, des timbres-poste, cartes postales et chiffres-taxes reçus par les comptables du département pendant l'année précédente.

Ce certificat sert à contrôler le compte de gestion du garde-magasin central des timbres-poste.

51. Transmission au Ministère des états de rebuts N° 777. — Le 5 de chaque mois, les états N° 777, certifiés conformes avec les sommes portées en non-valeurs à l'article 1 du compte N° 25 qu'ils accompagnaient, sont réunis sous une fiche indiquant le nom du département d'où ils proviennent et adressés à l'Administration en un paquet, inscrit au bulletin N° 13 et portant comme suscription « *Bureau des rebuts.* »

52. Avances faites pour l'expédition des dépêches électro-sémaphoriques confiées à la poste. — Le 5 de chaque mois également, le Directeur du département dans lequel ont été reçues, pendant le mois écoulé, des dépêches électro-sémaphoriques, fait remplir, en forme de certificat, la 2° partie des bulletins (mod. A B) mis par les receveurs à l'appui de leur compte N° 25.

La 1re partie A reste annexée au compte N° 25 et la 2° partie B, une fois remplie, est transmise, s'il y a lieu, au chef du service sémaphorique désigné préalablement au bas de cette formule par l'agent ou le guetteur qui a opéré le dépôt de la dépêche au bureau de poste.

§ III. — VÉRIFICATION SUR PIÈCES DE LA TAXE DES CORRESPONDANCES.

53. Dispositions générales. — Le rapprochement des états de recettes et de non-valeurs avec les pièces justificatives qui s'y rapportent, ainsi que le contrôle de la coïncidence de ces états avec les différentes parties du compte N° 25 sont justifiés, sur les pièces en question, par un trait rouge ; les différences sont constatées par

une croix également rouge ; *enfin les pièces sur lesquelles portent ces différences sont retirées des liasses
pour être jointes plus tard aux arrêtés de vérification.*

Les erreurs d'addition sont constatées par l'inscription
de la somme vraie, à l'encre rouge, substituée au chiffre
porté par les comptables, chiffre qu'on doit cependant
laisser apparent.

Enfin la régularité des additions ou reports est constatée par un V porté également à l'encre rouge en
regard des totaux vérifiés.

REMARQUE. — *Les dispositions ci-dessus une fois
rappelées et gravées dans la mémoire des agents , il
ne paraît pas essentiel de s'étendre longuement sur
le contrôle des perceptions de taxe et des non-valeurs
exprimées aux documents mis à l'appui du compte
N° 25, d'autant plus que les dispositions nouvelles de
l'Instruction N° 288 vont apporter de sérieuses sim-
plifications dans cette partie du service.*

*Il suffit donc d'indiquer sommairement en quoi
consistera désormais la vérification sur pièces de
la taxe des correspondances.*

54. Vérification du produit brut. — Feuilles d'avis.

— Le nouveau mode de taxation des objets non
affranchis ou insuffisamment affranchis qui sera exclusivement appliqué au bureau de destination entraîne la
suppression de l'état N° 31 et, par conséquent, celles des
articles 1, 2, 3, 4 et 5 du compte N° 25, comme il est dit
à l'article 24 précédent. Il simplifie donc essentiellement
la vérification sur pièces puisqu'il annule le contrôle très
laborieux de la prise en charge des taxes qui consistait
à rapprocher les résultats consignés aux tableaux 1 et 4

des feuilles d'avis N° 2, 1, 2 et 5 des feuilles d'avis N° 3, et 2, 3 et 6 des feuilles N° 604 des inscriptions correspondantes faites à l'état 31 supprimé.

Toutefois, les liasses de feuilles d'avis doivent néanmoins être révisées afin que le vérificateur puisse s'assurer que ces feuilles sont exactement libellées, régulièrement timbrées tant à l'arrivée qu'au départ, que les numéros des envois sont bien indiqués ainsi que les dépêches entrantes, que les dispositions relatives à la présence d'un paquet de chargements dans la dépêche n'ont point été perdues de vue, etc., etc.

Toutes les erreurs de détail reconnues doivent être signalées, avec pièces à l'appui, à l'arrêté de vérification qui indique les N°' des articles de l'Instruction générale ou des instructions spéciales auxquels elles se réfèrent.

55. Vérification de l'État N° 29. — L'état N° 29

des affranchissements en numéraire doit être rapproché des listes nominatives N° 9 expédiées par le bureau pendant le mois et dont le montant y est inscrit jour par jour.

Il est fait exception toutefois pour les bureaux d'une certaine importance qui sont pourvus du timbre à date spécial « Imprimés PP », lesquels n'ont pas à dresser de listes nominatives pour les imprimés dont ils ont perçu la taxe en numéraire.

Après avoir reconnu la régularité des inscriptions, le vérificateur s'assure que les additions sont justes et que leur total est bien exactement reporté à l'article 9 du produit brut.

Les feuilles N° 9 sont retournées, dans les premiers jours du mois, aux directeurs des départements d'origine par leurs collègues des départe-

*ments destinataires auxquels ils devraient les ré-
clamer en cas d'absence* (¹).

En ce qui concerne l'affranchissement en numéraire
des journaux pour l'intérieur déposés en dernière limite
d'heure, les receveurs ne dressent pas de feuilles N° 9 ;
mais, dans ce cas, l'état N° 29 est appuyé des bordereaux
de dépôt de bandes à timbrer signés tant par l'expéditeur ou son représentant que par le receveur lui-même.
A ces bordereaux sont joints, s'il y a lieu, les bandes
non employées dont le montant vient en déduction.

Il convient donc, dans ces conditions, de s'assurer si le
total net de chaque bordereau a bien été porté à la date du
dépôt sur l'état 29, et si le *total général* de cet état a
été exactement reporté à l'article 10 du produit brut.

RÈGLE GÉNÉRALE. — TOUTE ERREUR RECONNUE EN
PLUS OU MOINS SUR LES ÉTATS VÉRIFIÉS DONNE LIEU A
FORCEMENT OU DÉGRÈVEMENT, SELON LE CAS ; CES FOR-
CEMENTS OU DÉGRÈVEMENTS SONT MENTIONNÉS, AVEC
PIÈCES A L'APPUI, SUR L'ARRÊTÉ DE VÉRIFICATION N°
841 A INTERVENIR.

56. Vérification des états N°ˢ 262 & 46. — Les
états N°ˢ 262 et 46 qui servaient à constater, non seulement l'affranchissement en numéraire des objets de
correspondance de et pour l'arrondissement postal, mais
aussi les compléments de taxe à appliquer sur les mêmes
correspondances, n'auront plus lieu d'être établis que
pour la *constatation des affranchissements en numéraire*.

Dans ces conditions, le rôle de l'agent vérificateur consistera tout simplement à s'assurer de la régularité des

---

(1) L'absence d'une feuille N° 9 relevée à la charge d'un bureau donne
lieu à un forcement de 10° prononcé sur ce bureau.

perceptions qui y sont mentionnées et à faire ressortir, à l'arrêté N° 811 les différences constatées ou les rectifications opérées.

57. Non-valeurs. — Vérification de l'état N° 41. — La vérification des états N° 41 s'effectue d'après les feuilles N° 8 de lettres réexpédiées (²) qui sont renvoyées par les Directeurs à leurs collègues des départements d'origine dans les premiers jours de chaque mois. Cette vérification consiste dans le rapprochement des sommes inscrites aux feuilles N° 8 de celles portées à l'état N° 41, et dans la comparaison du total de l'état N° 41 avec la somme inscrite à l'article 2 des non-valeurs au compte N° 25.

(Voir la règle générale à l'article 55.)

58. Classement des pièces erronées. — Lorsque la vérification sur pièces proprement dite est terminée, les documents entachés d'erreur qui ont été retirés des liasses sont classés par bureau puis insérés dans une formule N° 841 qu'il convient de remplir ensuite.

59. Rédaction des arrêtés de vérification N° 841. — Toutes les pièces sur lesquelles il a été mentionné une même erreur sont réunies entre elles et inscrites en bloc à l'arrêté de vérification tout en tenant compte du nombre de ces erreurs exprimé dans la 1ʳᵉ colonne par 1 à 10, 11 à 15 par exemple. Il est préférable de mentionner d'abord les irrégularités n'entraînant ni forcement ni dégrèvement. On procède ensuite à la désignation des erreurs comportant des forcements ou dégrè-

---

(2) L'absence d'une feuille N° 8, constatée à la charge d'un bureau, donne lieu à un forcement de 10ᶜ sur ce bureau.

vements totalisés au bas de l'arrêté puis comparés de façon à faire ressortir la différence qui se traduit, ou par une recette si les forcements l'emportent, ou par une dépense dans le cas contraire. Le résultat définitif ou net est reporté à la première page de l'arrêté ; lorsqu'il est négatif, il est exprimé par les mots « Pour mémoire » ou simplement « P. M. »

60. Inscriptions à l'Etat N° 841 bis. — L'état N° 811 *bis* est le relevé général, établi chaque année, mois par mois et bureau par bureau, du nombre des erreurs, du montant des forcements et dégrèvements relevés dans la vérification de la taxe des lettres.

Les totaux de chaque mois doivent offrir les mêmes résultats que ceux consignés à la lettre d'envoi N° 104 qui accompagne les arrêtés au Ministère.

61. Inscription des forcements et des dégrèvements au registre N° 1091. — Les forcements ou dégrèvements prononcés en vérification sont portés au compte ouvert à chaque receveur sur le registre N° 1091, dans les colonnes à ce destinées et en regard du mois courant dans lequel le montant des arrêtés doit être passé en écritures par les comptables.

62. Notification des arrêtés N° 841 aux receveurs qu'ils concernent. — Les arrêtés N° 841, établis le 20 de chaque mois au plus tard, sont immédiatement notifiés aux comptables qu'ils concernent, lesquels doivent les retourner à la direction dans les 48 heures qui suivent la notification après y avoir présenté, le cas échéant, les observations ou justifications qui leur paraîtraient fondées.

Ces justifications qui doivent être suivies des observations motivées du Directeur, dans le cas où il ne croit pas devoir faire établir un nouvel arrêté, ne peuvent être appuyées par la production d'un certificat ou d'un bulletin de perception demandé, dans ce but, à un particulier ou à toute personne étrangère au service des Postes.

Les arrêtés doivent être immédiatement exécutés par les préposés, alors même qu'ils auraient des justifications acceptables à produire.

63. Notification des arrêtés N° 841 quinquiès aux facteurs-boîtiers. — Les arrêtés de vérification N° 841 quinquiès prononcés à la charge des facteurs-boîtiers sont notifiés à ces derniers, par l'intermédiaire du receveur dont ils relèvent, lequel doit en confondre le montant dans ses écritures avec celui de l'arrêté qui le concerne. C'est également par l'intermédiaire du receveur que les facteurs-boîtiers doivent retourner, à la direction, les arrêtés sur lesquels ils ont fourni, s'il y a lieu, leurs observations.

64. Envoi au Ministère des arrêtés de vérification et des comptes vérifiés. — Le 25 de chaque mois, au plus tard, tous les arrêtés de vérification intervenus sur le produit de la taxe des correspondances sont adressés à l'Administration en paquets placés sous étiquette N° 27. Ceux qui ont été l'objet d'un recours en appel sont réunis en une liasse distincte annexée à la lettre d'envoi N° 104 dont il est question à l'article 60 ci-dessus.

Cet envoi est en outre accompagné des comptes N° 25 et de toutes les pièces qui les justifient, dans l'ordre ci-après :

1° Comptes N° 25 et états à l'appui, moins les états N° 41 qui forment une liasse à part;

2° Les feuilles N°ˢ 8, 9 et 691.

3° Les feuilles d'avis N°ˢ 2 et 3, enliassées par bureau de destination et classées par ordre alphabétique, formant autant de paquets, étiquetés 3°, que leur volume le comporte.

65. Arrêtés de vérification spéciaux au service des rebuts N° 641.

— Les arrêtés N° 641, prononcés par l'Administration à la suite de la vérification des états de rebuts transmis directement par les préposés, sont expédiés à la direction qui les reprend au bas des arrêtés N° 841 des bureaux qu'ils concernent.

66. Arrêtés prononcés en révision.

— Les arrêtés en revision prononcés par l'Administration sont transmis par elle aux Directeurs qui, après en avoir fait prendre note au registre N° 1091, les notifient immédiatement aux receveurs en cause pour être exécutés.

Dans le cas ou un receveur aurait omis de prendre en charge un arrêté en révision, le montant en devrait être porté d'office à l'article correspondant du compte N° 25 par l'agent vérificateur.

Les arrêtés en révision sont retournés, dans les 48 heures, à la direction qui les transmet ensuite à l'Administration avec les observations du receveur et les conclusions du chef de service, s'il y a lieu.

Par exception, et comme il a été dit à l'article 37 ci-dessus, les arrêtés prononcés par l'Administration pour dégrèvements par suite de « recours en appel » sont conservés par les receveurs jusqu'à la fin du mois pour être annexés à leur compte N° 25.

CHAPITRE III

Vérification de la Comptabilité de la Taxe de la Télégraphie privée.

§ I. — Dispositions générales.

Observation. — La comptabilité des taxes télégraphiques est établie sur des bases qui ont, avec la comptabilité des taxes postales, une étroite analogie. Elle est un peu moins complexe, mais elle est régie en vertu des mêmes principes. Les principales pièces, états, tableaux, registres ont tous ou presque tous leurs similaires dans la comptabilité postale. C'est ainsi qu'on peut assimiler le registre D au livre de dépouillement N° 30, l'état D au compte N° 25, le registre N° 255 *ter* au registre 1091, le certificat N° 255 au certificat N° 237 *bis*, etc.

67. État des recettes et des non-valeurs N° 303 bis D. — Les opérations de comptabilité relatives au produit de la télégraphie privée sont résumées mensuellement, par les comptables, sur un état N° 303 *bis* (mod. D), appuyé des pièces justificatives qui s'y rapportent, et donnant les résultats consignés au registre à souche A¹ et au carnet 303 D.

Cet état, totalisé par quinzaine et par mois avec report des opérations antérieures pour former ensuite des totaux généraux, est divisé en 19 colonnes présentant :

La 1re, les dates d'inscription des opérations ;

Les colonnes 2 à 5, le nombre des télégrammes intérieurs et internationaux expédiés, ainsi que les taxes perçues pour l'envoi de ces télégrammes ;

Les colonnes 6 à 9, le nombre et le montant des cartes télégrammes prises en charge par le comptable (¹);

La colonne 10, les pièces en vérification ou en révision ;

La colonne 11, le total, par journée, du produit brut ;

Les colonnes 12 et 13, la remise de 1 % sur la vente des cartes télégrammes ;

La colonne 14, les remboursements, dégrèvements et non-valeurs ;

La colonne 15, le total des non-valeurs représentées par les colonnes 12, 13 et 14 ;

La colonne 16, le produit net résultant de la soustraction des non-valeurs du produit brut ;

Les colonnes 17 et 18, le nombre des télégrammes intérieurs et internationaux d'arrivée (pour mémoire) ;

Enfin la colonne 19 est réservée à l'indication des motifs des remboursements, ainsi qu'aux numéros,

---

(1) Les cartes télégrammes n'étant employées que pour la transmission des dépêches pneumatiques, il n'a pas paru nécessaire de s'étendre ici sur cette partie de la comptabilité qui, du reste, est en tout point semblable à la comptabilité des timbres-poste et cartes postales, tant au point de vue « Finances » qu'au point de vue « Matières ».

dates et lieux d'origine des dépêches qui y ont donné lieu.

68. États et pièces à joindre à l'appui du compte N° 303 bis (D). — L'état N° 303 *bis* (D) qui, ainsi qu'il a été dit plus haut, est à la comptabilité télégraphique ce que le compte N° 25 est à la comptabilité postale, doit être appuyé des documents suivants :

1° De l'état N° 346 (o) des bons délivrés pour l'affranchissement des réponses payées internaticnales (¹);

2° De l'état N° 346 bis (o bis) des mêmes bons reçus en affranchissement de ces réponses ;

3° De l'état N° 346 ter des remboursements effectués d'office (²) ;

4° Des états N° 316 bis (c bis) établis pour chaque quinzaine et présentant les mêmes résultats que l'état (d) lui-même avec lequel ils font, en quelque sorte, double emploi ;

5° Enfin des états N° 316 ter, spécialement affectés au service électro-sémaphorique, s'il y a lieu.

69. États des bons de caisse N° 346 (O). — L'état N° 346 (O), tenu jour par jour par les préposés, est la copie textuelle du carnet des bons délivrés pour réponses payées aux télégrammes internationux ; il doit fournir toutes les indications nécessaires au contrôle des perceptions ainsi que la désignation des dépêches aux-

---

(1) Le bon délivré pour affranchissement d'une réponse payée ne peut être employé que pour une seule dépêche, alors même que son montant serait supérieur au prix de cette dépêche.

(2) Les états 346 (o), 346 *bis* (o *bis*) et 346 *ter* (o *ter*) ne sont pas fournis lorsqu'ils doivent être négatifs.

quelles se rapportent les bons (colonnes 4 et 5 de l'état 303 *bis* D).

70. États des bons de caisse N° 346 bis (O bis). — L'état N° 343 *bis* (O *bis*), employé par les comptables, en dégrèvement, à la colonne 14 de l'état 303 *bis* D, est la récapitulation, journée par journée, des bons de caisse reçus en payement pour l'affranchissement de télégrammes. Il présente d'abord la désignation des dépêches payées en bons; ensuite la désignation des bons livrés en payement; enfin la différence entre la valeur des bons et la taxe des télégrammes qu'ils ont servi à affranchir en tout ou en partie ('.).

Les bons de caisse doivent être annexés à l'état N° *346 bis (O bis) afin de servir à son contrôle.*

71. État N° 346 ter des remboursements. — L'état N° 346 *ter*, également employé en non-valeurs à la colonne 14 de l'état 303 *bis* D, résume les remboursements effectués dans le courant du mois.

Cet état comprend, en 6 colonnes, la date et le N° d'ordre des remboursements, les numéros, dates et origines des dépêches, le montant des remboursements, les motifs de ces remboursements, enfin l'émargement des intéressés.

Il doit être appuyé, lorsqu'il y a lieu, des bulletins de remboursement établis par l'Administration.

72. États N° 316 bis (C bis). — Les états N° 316 *bis* (C *bis*), établis dans la forme de l'état N° 303 *bis* (D), sont rédigés par quinzaine, ce qui permet à la direction de commencer le contrôle des opérations de la 1ʳᵉ quinzaine avant que le mois soit écoulé. Les totaux réunis des

---

deux états N° 316 *bis* (C *bis*) doivent, en conséquence, donner les mêmes résultats que ceux consignés à l'état N° 303 *bis* (D) auquel ils sont du reste annexés lors de l'envoi de la comptabilité.

73. États N° 316 ter (sémaphores). — Indépendamment des états N°° 303 *bis* (D) et 316 *bis* (C *bis*), les chefs-guetteurs des postes électro-sémaphoriques établissent un état N° 316 *ter* présentant, dans des colonnes différentes, le décompte des dépêches terrestres et maritimes qu'ils ont reçues, ainsi que le nombre des messages maritimes qu'ils ont réexpédiés par la poste.

Cet état sert à calculer, en fin de mois, le montant des remises qui doivent leur être allouées suivant la nature des télégrammes.

Les états N° 316 *ter* (C *ter*) sont également transmis avec la comptabilité, accompagnés d'un état récapitulatif établi à la main.

74. Rôles de départ N° 302 et d'arrivée N° 302 bis. — Les rôles de départ et d'arrivée servent à enregistrer, jour par jour et individuellement, les télégrammes expédiés ou reçus. Ils peuvent être comparés à l'état N° 31 des dépêches postales arrivantes et aux états 29, 262 et 46 des affranchissements en numéraire.

Ils servent à contrôler les résultats du compte N° 303 *bis* (D), *mais ils sont conservés à la Direction lorsqu'ils ne doivent pas servir à appuyer un forcement ou dégrèvement.*

§ II. — VÉRIFICATION SOMMAIRE DE LA TAXE
DE LA TÉLÉGRAPHIE ET OPÉRATIONS QUI S'Y RATTACHENT
OU S'EFFECTUENT EN MÊME TEMPS.

75. Vérification sommaire. — La vérification sommaire de la taxe de la télégraphie, qui s'effectue

à la direction dans les cinq premiers jours du mois, consiste :

1° Dans le pointage à l'état 303 *bis* D (col. 10 et 14), au moyen du relevé général N° 248 dont il sera question plus loin, des forcements et dégrèvements prononcés en vérification ou en révision ;

2° Dans le contrôle, à la colonne 10 du même état, du total des états de remboursements N° 313 *ter* après vérification préalable de ces derniers au moyen de bulletins qui y sont annexés.

3° Dans la révision des états O et O *bis* (N°ˢ 315 et 316 *bis*) et dans leur contrôle avec les sommes portées en recette ou en dégrèvement à l'état N° 303 *bis* D.

4° Enfin dans la révision des additions des diverses colonnes dudit état 303 *bis* D.

76. Etablissement du certificat de recette N° 255. — Lorsque la vérification sommaire des états D est terminée, le directeur fait procéder à l'établissement du certificat de la taxe de la télégraphie privée N° 255 qui résume, bureau par bureau, comme le certificat N° 237 de la taxe des correspondances, le montant du produit brut, celui des non-valeurs et le reste en produit net. Ce produit forme l'article 5 des recettes aux bordereaux mensuels N° 40-32 des receveurs de bureaux fusionnés, et l'article 1 des bordereaux N° 320 *bis* des gérants ou receveurs de bureaux exclusivement télégraphiques.

Le certificat N° 255 doit être transmis au receveur principal le 3 ou le 4 de chaque mois pour servir à l'établissement de la comptabilité départementale (article 5 du livre N° 12 et ligne 11 du bordereau N° 12 *bis*).

77. Etats N° 255 bis. — De même que le tableau

No 25 *ter* présente le développement de la taxe des correspondances, l'état No 255 *bis* est spécialement destiné à reproduire, bureau par bureau, les divers articles portés aux états No 303 *bis* D de la taxe de la télégraphie privée.

L'état No 255 *bis* est établi en deux expéditions : sur la première, *destinée au bureau de la vérification des produits,* les bureaux sont classés dans l'ordre alphabétique, le bureau chef-lieu en tête. *Cette expédition doit parvenir à l'Administration le 8 de chaque mois au plus tard.* Sur la seconde expédition, *destinée au deuxième bureau de la Direction des services sédentaires et qui doit lui parvenir avant le 15 du mois,* les bureaux sont aussi inscrits dans l'ordre alphabétique, avec cette différence toutefois que les bureaux principaux ou de l'*État* déterminent seuls l'ordre alphabétique d'inscription. Le nom de chacun de ces bureaux est inscrit en *caractères gras.* Il est immédiatement suivi de l'indication, en anglaise, des noms des bureaux municipaux, sémaphores, écluses, etc., rattachés à chacun des centres de dépôt. En d'autres termes tous les bureaux secondaires sont groupés à la suite du nom de leur bureau principal d'attache, et l'inscription se fait ainsi par groupes, le bureau principal en tête. Les noms des bureaux fusionnés sont suivis de la lettre F.

78. Registre N° 255 ter. — Le 4 ou le 5 de chaque mois, c'est-à-dire aussitôt après la vérification sommaire de la taxe de la télégraphie, les résultats, rectifiés s'il y a lieu, des états No 303 *bis* D sont reportés sur un registre No 255 *ter* offrant un compte spécial à chaque comptable et terminé par une récapitulation.

Une fois ces résultats consignés, ils sont additionnés avec le montant des mois antérieurs.

Le registre N° 255 *ter* est du reste à la comptabilité télégraphique ce que le registre N° 1091 est à la comptabilité postale.

79. Etat N° 330 (F) des frais d'exprès. — Les sommes déboursées par les comptables pour frais d'exprès et de course concernant la remise à domicile des télégrammes sont portées, jour par jour, sur un état mensuel N° 330 (F) qui présente toutes les indications nécessaires et doit recevoir, en outre, l'émargement des porteurs ainsi que leurs noms et prénoms; il mentionne également les sommes perçues sur les destinataires et le numéro d'inscription de ces perceptions au registre à souche A¹.

La vérification de l'état F consiste à s'assurer : 1° Que les sommes déclarées sont des multiples de 0 50 c. ou 1 fr., suivant que l'exprès a nécessité une avance de 0 50 c. ou de 1 fr. par kilomètre, et que chaque unité applicable est exactement représentée dans la somme accusée par le comptable; 2° A contrôler les émargements; 3° A vérifier les additions.

80. Etat des frais de poste N° 331 (G). — L'état mensuel des frais de poste N° 331 (G) présente, jour par jour, le montant des sommes déboursées par les comptables du télégraphe pour affranchissement et chargement des télégrammes.

Cet état présente en outre toutes les indications nécessaires à son contrôle qui se termine par la révision des additions.

81. Bordereau récapitulatif F. G. N° 297 des avances pour frais d'exprès de poste. — Les résultats dûment vérifiés des états F et G sont reportés, à la direction, sur un bordereau récapitulatif N° 297

F G, établi en trois expéditions certifiées conformes par le directeur.

L'une des expéditions de l'état N° 297 F G est transmise au receveur principal le 4 de chaque mois, et lui tient lieu de certificat pour appuyer la dépense inscrite au compte des avances à charge de régularisation (art. 14 du livre N° 12 et ligne 160 du bordereau 12 *bis*).

Les deux autres expéditions sont transmises, le 15 de chaque mois, au bureau de la vérification des produits qui en renvoie une approuvée pour être jointe ultérieurement, avec les états F et G, au mandat de remboursement délivré au nom du receveur principal.

82. Etats P. N° 312 et P' N° 296 des remises pour frais de perception. — Les agents du télégraphe soumis à un cautionnement reçoivent mensuellement une indemnité, dite de « Frais de perception », basée sur l'importance de leurs recettes et suivant le tarif fixé par l'arrêté ministériel du 19 novembre 1869.

Les décomptes de ces remises sont établis, en triple expédition, par les receveurs des bureaux de l'Etat, formule N° 312 P, d'après le carnet D (col. 9) et l'état mensuel N° 303 *bis* D.

Le Directeur, après avoir vérifié l'exactitude de ces décomptes, les résume sur un état P' N° 296 qu'il adresse, avec deux des expéditions des états P, le 4 de chaque mois et en double expédition, au bureau de la vérification des produits qui fait ouvrir le crédit nécessaire à la liquidation de ces remises et renvoie une des expéditions de l'état P avec une des séries des décomptes approuvés.

83. Etats A des remises aux agents auxiliaires pour la réception, la transmission, le passage et le port à domicile des dépêches. —

Le 4 de chaque mois le Directeur transmet également, en double expédition, au bureau de la vérification des produits, un état modèle A présentant le décompte, par nature, des sommes à allouer aux agents télégraphiques y ayant droit, pour transmission, réception, passage et port à domicile des télégrammes privés.

L'état A est établi à la direction d'après les résultats consignés aux états N° 303 *bis* D vérifiés sommairement (Unités applicables : 0,10, 0,15 ou 0,20 c.). (¹)

§ III. — VÉRIFICATION SUR PIÈCES DE LA TAXE TÉLÉGRAPHIQUE.

84. Vérification des bureaux dits de l'Etat.

— Ces bureaux ne transmettent pas les originaux des dépêches à la direction; les taxes perçues sont indiquées sur le relevé N° 302 dit « rôle de départ » comprenant le nombre de mots de chaque télégramme expédié et la taxe correspondante.

La vérification sur pièces s'effectue donc : 1° en comparant avec soin les taxes perçues avec le nombre des mots contenus dans les télégrammes; 2° en s'assurant que les frais fixes, les frais d'exprès, les réponses payées, les droits de recommandation, droits de mandats, etc., ont été régulièrement perçus. Le rôle de départ étant ainsi révisé, on doit rapprocher le total de chaque journée de celui inscrit à la journée correspondante de l'état N° 303 *bis* D.

(¹) 0 20 c. quand la commune ne paye pas elle-même le porteur des télégrammes et que le Receveur est chargé d'assurer le service de la distribution. — Cette disposition n'est applicable qu'aux bureaux établis antérieurement au Décret du 10 juillet 1876 (Voir Bulletin N° 89 supplémentaire).

85. Vérification des bureaux municipaux et mixtes. — Ces bureaux transmettent à la direction les originaux des télégrammes qu'ils ont expédiés pendant le mois.

La vérification sur pièces s'opère ainsi :

1° Compte des mots sur les originaux, vérification de la taxe principale et des taxes accessoires, frais fixes pour les dépêches à destination des localités desservies par les gares, frais d'exprès, réponses payées, etc., etc.

2° Pointage de ces diverses taxes aux procès-verbaux N° 305;

3° Additions, par journée, des dits procès-verbaux ;

4° Enfin, rapprochement des totaux des sommes inscrites aux journées correspondantes sur l'état N° 303 *bis* D.

86. Rédaction des arrêtés de vérification N° 237. — Ainsi que cela a lieu pour la vérification du produit de la taxe des correspondances, les erreurs relevées dans la vérification sur pièces de la taxe de la télégraphie privée sont décrites sur des arrêtés de vérification N° 237 entraînant soit un forcement ou dégrèvement, soit de simples redressements.

87. Inscription des arrêtés au relevé N° 248 et au registre N° 255 ter. — L'état N° 248 est le relevé général établi pour toute l'année, mois par mois et bureau par bureau, du nombre des erreurs et du montant des forcements et dégrèvements relevés dans la vérification de la taxe de la télégraphie privée. Les totaux de chaque mois doivent présenter les mêmes résultats que ceux consignés à la lettre d'envoi N° 237 *bis* qui accompagne l'envoi de la comptabilité à la vérification des produits.

Le montant des forcements ou dégrèvements doit être préalablement porté au registre N° 255 *ter*.

88. Notification des arrêtés aux agents qu'ils concernent.

— Les arrêtés N° 237 sont notifiés, avec pièces à l'appui, aux agents qu'ils concernent, le 20 de chaque mois. Ces derniers doivent les retourner à la direction, au plus tard deux jours après la notification, revêtus de leur visa ou avec les observations qu'ils croiraient devoir présenter.

Dans tous les cas, ils doivent immédiatement passer en écritures, au carnet 303 *bis* D, le montant des forcements ou dégrèvements prescrits par les arrêtés.

89. Rédaction de la lettre d'envoi N° 237 bis.

— Lorsque tous les arrêtés de vérification sont rentrés, le directeur les fait inscrire sur une formule N° 237 *bis* qui sert de lettre d'envoi.

Les arrêtés qui ont donné lieu à des réclamations de la part des préposés qu'ils concernent, reçoivent les observations, et s'il y a lieu, les conclusions du directeur; ils sont classés dans la lettre N° 237 *bis*.

Avant d'arrêter définitivement les résultats inscrits sur cette lettre on doit s'assurer que les inscriptions qui y sont portées sont conformes à celles du relevé général N° 248.

90. Envoi des comptes 303 bis D vérifiés et des arrêtés à l'Administration.

— Les états 303 *bis* D qui n'ont pas donné lieu à un arrêté de vérification sont insérés avec les pièces à l'appui dans les bordereaux N° C *bis*, classés par ordre alphabétique, puis enliassés en un seul paquet.

Les arrêtés de vérification, accompagnés des pièces

erronées, forment un paquet à part réuni dans la lettre
N° 237 *bis.*

Enfin ces deux paquets sont réunis en une seule dépêche placée sous étiquette spéciale N° 243 et adressée le
25 de chaque mois au Ministère, bureau de la vérification
des produits.

Les états N° 310 *ter* des sémaphores sont transmis
dans la même dépêche accompagnés d'un état récapitulatif établi à la main.

91. État général annuel N° 255 quater. — Le 10
février de chaque année le Directeur doit adresser à la
direction générale de la comptabilité publique et à l'Administration un certificat annuel N° 255 *quater* qui n'est
autre que la récapitulation de tous les états N° 255 *bis*
de l'année et qui du reste est dressé de la même manière.

En cas de mutations pendant l'année, les inscriptions
afférentes aux nouvelles gestions sont rejetées à la fin
de cet état dans l'ordre chronologique d'installation.

Si, pendant l'année, il y a eu mutation de receveur
principal, il est dressé, pour la comptabilité publique seulement, un certificat N° 255 *quater* par receveur principal, chaque certificat ne devant comprendre que les
opérations qui se rattachent à la comptabilité de chacun
de ces comptables.

CHAPITRE IV

Service de la Caisse d'Épargne postale.

—

92. Transmission journalière au Directeur des opérations effectuées par les receveurs. — Les receveurs doivent transmettre tous les jours au Direcrecteur, accompagnés d'un bordereau d'envoi N° 77 (extrait du registre N° 76), les documents relatifs aux opérations de caisse d'épargne effectuées pendant chaque journée.

Dès que le directeur a reçu de tous les receveurs du département les bordereaux nominatifs ou les avis négatifs N° 77 concernant une même journée, il fait classer à part les avis N° 77 et procéder à la vérification des divers bordereaux.

93. Pointage des bordereaux N° 5 des premiers versements. — Chaque envoi de demandes de livrets fait à la direction par les receveurs doit être accompagné d'un bordereau N° 5, *ou bordereau nominatif des premiers versements,* établi en triple expédition.

La colonne 8 de ces bordereaux, destinée à recevoir les N^{os} des livrets établis, est remplie à la direction au fur et à mesure de la délivrance des livrets.

La colonne 9 (Observations) sert au directeur à prendre note des quittances échangées par les déposants contre les livrets, ou des livrets non échangés dans le délai d'un mois.

Les pièces produites, dans certains cas, à l'appui des demandes de livrets, telles que : autorisation de premier versement, certificat de notaire dépositaire d'un testament, statuts de société de secours mutuels, etc., doivent également accompagner les bordereaux N° 5.

94. Inscription au carnet d'ordre N° 7. — La vérification des bordereaux étant terminée, le directeur en prend note sur le registre d'ordre N° 7. Ce registre qui sert également pour les versements ultérieurs et les remboursements, est divisé en autant de *comptes individuels* qu'il y a de *receveurs* dans le département.

Il est employé un registre N° 7 par chaque mois de l'année, ou la moitié d'un registre si le département ne contient pas plus de 80 bureaux.

Les opérations antérieures d'un bureau sont reportées en fin de mois à la suite du total de ce mois pour ne former qu'un total général donnant le résultat complet des opérations effectuées par chaque bureau.

95. Établissement des livrets. — Les livrets de la Caisse d'épargne postale sont préparés par le directeur conformément aux règles ci-après :

1° Il s'assure de la régularité des demandes formées et des pièces produites à l'appui ;

2° Il fait ensuite inscrire sur la première page les nom et prénoms du titulaire. S'il s'agit d'une femme mariée ou d'une veuve, le nom de son mari est placé à la suite de ses propres nom et prénoms.

Pour les mineurs on ajoute la date de la naissance.

Pour les sociétés de secours mutuels, on inscrit simplement le nom de la société tel qu'il est désigné aux statuts.

Dans le cas d'incessibilité, on inscrit au dessous du nom du titulaire les mots : LIVRET INCESSIBLE.

Lorsqu'il s'agit d'un livret à remboursement différé, on fait suivre le nom du titulaire de l'une des mentions inscrites, selon le cas, sur les demandes de livrets.

OBSERVATION. — *Il ne faut jamais porter sur le livret aucun des autres renseignements propres à établir l'identité du titulaire; ces renseignements sont exclusivement réservés pour le registre matricule tenu à Paris à l'aide des demandes de livrets.*

Enfin le directeur signe les livrets et fait reproduire, sur chacune des expéditions des bordereaux nominatifs, les Nos des livrets attribués aux déposants. Le même N° est reproduit sur chaque demande de livret.

Il ne doit pas y avoir de lacune dans l'ordre numérique des livrets attribués.

Ces diverses opérations terminées, le directeur adresse au receveur principal les livrets et l'une des expéditions des bordereaux N° 5, afin de faire inscrire en toutes lettres et en chiffres : 1° le montant du dépôt; 2° la date du versement effectif.

Cette double inscription est certifiée par la signature du receveur principal et, au retour du livret à la Direction, par celle du Directeur. Le Directeur peut se faire suppléer dans cette opération par un inspecteur ou un sous-inspecteur. Le timbre à date de la recette principale doit être apposé en regard de la somme en toutes lettres.

96. Renvoi des livrets. — Lorsque les livrets renvoyés par le receveur principal ont reçu le visa du Directeur et sa signature, on les adresse, accompagnés de l'une des expéditions du bordereau N° 5 à chacun des receveurs qui ont reçu les demandes. Le Directeur doit prendre les mesures nécessaires pour que le livret soit remis au déposant dans un délai de trois jours, nom compris le jour du versement et les dimanches et jours fériés.

97. Envoi au Ministère de l'une des expéditions des bordereaux N° 5 accompagnée des demandes de livrets. Avis journalier N° 9. — En fin de journée le Directeur insère dans chaque bordereau N° 5 destiné à l'Administration les demandes de livrets correspondantes et, le cas échéant, les pièces justificatives à l'appui. Cet envoi est accompagné d'un avis récapitulatif journalier N° 9 établi préalablement à la direction; puis le tout est adressé, sous enveloppe spéciale bleue, à la Direction centrale de la Caisse d'Épargne postale.

Dans le cas où aucun versement n'aurait été fait dans le département, on doit néanmoins envoyer un avis négatif N° 9.

98. Objet de la 3° expédition des bordereaux N° 5. — La 3° expédition des bordereaux N° 5 est conservée à la direction et classée avec soin pour servir en fin de mois, concurremment avec le carnet d'ordre N° 7, au contrôle des recettes accusées par les receveurs à l'article 18 de leurs bordereaux N° 40-32 et aux états détaillés mensuels N° 23.

§ II. — VERSEMENTS ULTÉRIEURS.

99. Transmission journalière au Directeur des opérations de versements ultérieurs. — Chaque soir les receveurs doivent adresser au directeur du département les livrets déposés à leur caisse pendant la journée avec un versement ultérieur. Cet envoi doit être accompagné d'un bordereau nominatif N° 11 établi en triple expédition.

Lorsque parmi les livrets déposés il s'en trouve qui ont été délivrés dans un autre département, le *nom de ce département* doit être inscrit par le receveur dans la colonne « Observations ». La somme déposée est indiquée, séparément, dans une colonne à ce destinée du bordereau.

100. Inscription au Carnet N° 7. — A l'arrivée des bordereaux nominatifs N° 11 le directeur en fait prendre note sur le carnet d'ordre N° 7, dans les colonnes réservées aux versements ultérieurs.

Il adresse ensuite au receveur principal les livrets et l'une des expéditions du bordereau N° 11, afin d'y faire inscrire les sommes reçues par les receveurs à titre de versements ultérieurs.

Les livrets ainsi annotés et visés par le receveur principal sont renvoyés au Directeur qui appose sa signature au-dessous des sommes inscrites. Chaque inscription d'un dépôt ultérieur reçoit en regard l'application du timbre à date de la recette principale.

Mêmes délais d'envoi des livrets que pour les premiers versements.

101. Envoi au Ministère des bordereaux

Nº 11. Avis journalier Nº 12. — La deuxième expédition des bordereaux de versements ultérieurs est envoyée par le directeur à l'Administration, dès que tous les bordereaux concernant une même journée lui sont parvenus.

Les bordereaux Nº 11 sont insérés dans un avis récapitulatif journalier Nº 12 présentant, pour chaque bureau, le montant total de ces bordereaux nominatifs, avec distinction des sommes versées sur *les livrets appartenant au département* et sur ceux *appartenant à d'autres départements*.

Un avis journalier Nº 12 négatif doit être envoyé lorsqu'il n'a été effectué, dans une journée, aucun versement ultérieur dans le département.

102. Objet de la 3ᵉ expédition des bordereaux Nº 11. — La 3ᵉ expédition des bordereaux de versements ultérieurs est classée avec soin à la direction pour servir en fin de mois, concurremment avec le carnet d'ordre Nº 7, au contrôle des recettes inscrites par les receveurs à l'article 19 de leurs bordereaux mensuels Nº 40-32 et aux états détaillés mensuels Nº 23.

103. Envoi mensuel au Directeur des quittances à souche et des bulletins de dépôt. — A la fin de chaque mois, les quittances de premiers versements, versements ultérieurs ainsi que les bulletins de dépôt de livrets à régler, sont adressés par les receveurs au Directeur qui porte les mots : *Quittance rentrée*, dans la colonne d'observations des bordereaux nominatifs.

Les quittances doivent être accompagnées d'une *fiche de renvoi Nº 8* indiquant seulement le numéro de la quittance et le nom de la partie.

§ III. — REMBOURSEMENTS. — LIVRETS RÉGLÉS. — LIVRETS NON DISTRIBUÉS.

104. Transmission journalière au Directeur des pièces relatives aux opérations de remboursements. — Lorsque des opérations de remboursement ont eu lieu dans la journée, le receveur qui les a effectuées adresse au Directeur du département un *bordereau nominatif N° 17 des remboursements* établi en double expédition.

Ce bordereau mentionne, dans des colonnes différentes, les remboursements soit partiels, soit intégraux afférents à des livrets appartenant au département ou provenant d'autres départements.

105. Envoi à la direction centrale de l'avis journalier N° 18 des remboursements. — Lorsque tous les bordereaux nominatifs de remboursements *relatifs à une même journée* sont parvenus au Directeur départemental, il fait établir d'après ces bordereaux un avis journalier N° 18 qu'il adresse au Ministère, avec les autres avis N°ˢ 9 et 12, en y joignant : 1° l'une des expéditions des bordereaux N° 17; 2° les autorisations de remboursement émises par la Direction centrale et quittancées par les parties prenantes; 3° les demandes de remboursement et les avis d'émission annexés à ces demandes; 4° les livrets retirés des mains des déposants *dans le cas de remboursement intégral;* 5° enfin, s'il y a lieu, les procurations, pièces d'hérédité et autres justifications produites avec les quittances.

Un avis négatif N° 18 doit être adressé à l'Administra:ion centrale lorsqu'il n'a été fait, dans le département, aucun remboursement pendant la même journée.

106. Renvoi aux receveurs de la 2ᵉ expédition des bordereaux Nᵒ 17. — Après avoir pris note au carnet d'ordre Nᵒ 7 des remboursements effectués pendant la journée, le directeur renvoie aux receveurs qu'elles concernent, après les avoir visées, les deuxièmes expéditions des bordereaux nominatifs Nᵒ 17 ; ces derniers doivent les joindre en fin de mois à leur état détaillé mensuel des dépôts remboursés Nᵒ 21 qui, concurremment avec le carnet Nᵒ 7, sert à contrôler le montant des dépenses inscrites à l'article 11 des bordereaux Nᵒ 40-32.

107. Inscription à part des intérêts compris dans les remboursements intégraux. — Afin de faciliter les opérations de comptabilité de l'Administration centrale pour les remboursements intégraux, le montant des intérêts compris dans ces remboursements doit figurer *à part* sur les bordereaux Nᵒ 17 et avis journaliers Nᵒ 18.

Jusqu'à ce que ces formules aient été modifiées, il convient de faire figurer le montant des intérêts remboursés dans la colonne 8 de l'avis journalier Nᵒ 18. Les receveurs font eux-mêmes ressortir le montant de ces intérêts en marge de l'état nominatif Nᵒ 17.

108. Livrets dont les intérêts ont été réglés. — Les livrets réglés sont adressés par l'Administration centrale au directeur du département, accompagnés du bordereau d'envoi Nᵒ 22 établi par le receveur qui a demandé le règlement des intérêts.

Le Directeur conserve le bordereau Nᵒ 22 afin de pouvoir contrôler la rentrée des bulletins de dépôt, et il transmet immédiatement les livrets au bureau qui les a expédiés.

109. Envoi à la Direction des bulletins de dépôt et des livrets non échangés dans le délai d'un mois. — Les bulletins reçus en échange des livrets sont adressés *mensuellement* au directeur départemental avec la fiche de renvoi N° 8 et les quittances à souche.

Les livrets qui n'auraient pas été réclamés dans le délai d'un mois, à partir du 15° jour qui suit la date portée sur le bulletin de dépôt, doivent être adressés au directeur avec une fiche de renvoi N° 31 indiquant le N° des livrets et le nom des titulaires.

Le Directeur signale les bulletins rentrés, et, s'il y a lieu, les livrets renvoyés, sur le bordereau N° 22 afin de contrôler si les livrets sont régulièrement distribués.

§ IV. — TRANSFERTS.

110. Demandes de transfert-payement. — Lorsqu'une demande de transfert d'une caisse d'épargne privée à la Caisse d'épargne postale a été déposée dans un bureau, le receveur adresse en fin de journée au directeur départemental : 1° le livret de la Caisse d'épargne privée ; 2° deux expéditions de la demande de transfert N° 34 au nom de la Caisse d'épargne postale ; 3° la demande de livret N° 1.

Le Directeur examine la régularité de ces pièces et fait opérer, s'il y a lieu, les rectifications qu'il croirait nécessaires avant d'y donner suite.

111. Opérations de régularisation de trans-

ferts. — Lorsque la Caisse d'épargne privée qui doit solder l'ancien livret est établie au chef-lieu du département, le directeur adresse au receveur principal le dit livret accompagné d'une des expéditions de la demande de transfert portant procuration au nom de ce receveur.

Si, au contraire, la Caisse d'épargne privée à laquelle doit être remis le livret est établie dans une autre ville du département, le livret et la demande de transfert sont adressés au receveur de cette résidence au nom duquel la procuration a été du reste donnée.

Enfin si la Caisse d'épargne privée appartient à un autre département, le directeur transmet les pièces à son collègue de ce département en les accompagnant d'une lettre ainsi conçue :

« Monsieur et cher collègue,

« J'ai l'honneur de vous transmettre une demande
« de transfert payement et un livret de la Caisse
« d'épargne de. . . . . . portant le N°. . . . . . au
« nom de M. . . . . qui désire en transférer le
« montant à la Caisse d'épargne postale.

« Je vous prie de vouloir bien me faire parvenir,
« aussitôt après régularisation de l'opération, l'avis
« d'encaissement N° 37, en double expédition, accom-
« pagné d'un récépissé de fonds de subvention N° 80
« bis de la somme encaissée délivré au nom du re-
« ceveur de. . . . .

Le Directeur du département de. . . . .

La 1ʳᵉ expédition de la demande de transfert payement reste avec le livret soldé entre les mains du *gérant* de la Caisse d'épargne privée qui a opéré le remboursement.

112. Objet de la 2ᵉ expédition de la demande transfert payement. — Cette seconde expédition est conservée par le Directeur, ainsi que la demande de de livret, jusqu'à la régularisation de l'opération ; ces pièces sont ensuite transmises au Ministère, annexées au bordereau N° 5 qui a été établi par le receveur qui a reçu la demande de transfert.

113. — Cas où le titulaire d'un livret de Caisse d'épargne privée dépose en même temps une somme en numéraire et une demande de transfert. — Dans ce cas la somme déposée en numéraire, mentionnée en première ligne sur la demande de livret, constitue le premier versement et la somme à rembourser par la Caisse d'épargne privée, par suite de transfert, constitue un versement ultérieur pour lequel il est procédé dans la forme ordinaire après réception du bulletin d'encaissement N° 37.

Toutefois, comme nul ne peut être possesseur de deux livrets, le livret de la Caisse d'épargne postale établi par le directeur le jour du premier versement est conservé par devers lui jusqu'à inscription de la somme transférée.

114. Envoi au Directeur des bulletins d'encaissement N° 37. — Le receveur chargé d'encaisser les fonds doit adresser au directeur départemental, le jour même où l'opération a lieu, un bulletin d'encaissement N° 37 dressé en double expédition.

Lorsque ce bulletin concerne une demande de transfert payement qui a été faite dans un autre département, le receveur y joint un récépissé de mouvements de fonds N° 80 *bis* représentant le montant de la somme encaissée et justifié par les mots « *Service de la Caisse d'épar-*

gne ». Le directeur, à qui ces pièces sont d'abord transmises, les adresse à son collègue du département destinataire accompagnées d'une lettre d'envoi ainsi conçue :

« Monsieur et cher collègue,

« J'ai l'honneur de vous transmettre ci-joint, avec
« un récépissé de mouvement de fonds N° 80 bis au
« nom du receveur des postes de. . . . . l'avis
« d'encaissement, en double expédition, du montant
« du livret de la Caisse d'épargne de . . . . . . N°. . .
« dont le titulaire M. . . . . , a demandé le trans-
« fert à la Caisse d'épargne postale. »

« Je vous prie de vouloir bien m'accuser réception
« de cet envoi. »

Le Directeur du département de. . . . . .

Les bulletins d'encaissement N° 37 sont classés à la direction pour être remis, en fin de mois, au receveur principal qui les emploie dans sa comptabilité départementale.

115. Établissement des livrets à la suite de transferts. — Dès la réception des bulletins d'encaissement, le Directeur en transmet une expédition au receveur qui a reçu la demande de transfert et qui établit aussitôt les bordereaux N° 5 du premier versement. Au retour de ces pièces, le directeur prépare le nouveau livret qu'il adresse au receveur principal pour y faire inscrire la somme remboursée par la Caisse d'épargne privée, déduction faite des centimes qui sont remboursés au déposant.

Comme il a été dit plus haut, la 2ᵉ expédition de la demande de transfert est annexée avec la demande de livret au bordereau N° 5 destiné au Ministère.

116. Avis de transfert aux déposants. — Aussitôt après l'établissement du livret, le directeur adresse directement au déposant, sous une enveloppe fournie par la Direction de la Caisse d'épargne postale, un avis de de transfert (modèle n° 38), indiquant : 1° la somme totale remboursée par la Caisse d'Épargne privée , 2° la somme inscrite sur le livret, 3° le montant des centimes à toucher en numéraire.

Les avis de transfert portent un numéro d'ordre qui y est mis par le directeur et dont la série se poursuit sans interruption pour l'ensemble du département, du 1er janvier au 31 décembre.

117. Talons d'avis de transfert destinés aux receveurs. — En même temps qu'il adresse aux déposants l'avis de transfert, le directeur transmet au receveur, avec le nouveau livret de la Caisse d'épargne postale, un talon N° 38 *bis* détaché de l'avis N° 38 et contenant les mêmes indications que cet avis. Les talons d'avis de transfert sont renvoyés au Directeur par les receveurs, le jour même de leur arrivée aux bureaux, après avoir préalablement rempli le certificat placé au bas de ces formules. Ils sont remis en fin de mois au receveur principal pour appuyer sa comptabilité départementale.

118. Envoi en fin de mois des avis de transfert. — En ce qui concerne les avis de transfert N° 38, *ils sont conservés par les receveurs, comme pièces justificatives de dépenses inscrites à l'article 12 du sommier 8-11 bis ; puis joints en fin de mois au bordereau N° 40-32 destiné au receveur-principal.*

§ V. — Comptabilité mensuelle.

119. Pièces à transmettre au directeur le 3 de chaque mois.— Le 3 de chaque mois, les receveurs doivent adresser au Directeur départemental deux états mensuels : l'un, N° 23, des dépôts reçus pendant le mois précédent, récapitulant les bordereaux nominatifs de premiers versements et de versements ultérieurs N°s 5 et 11; l'autre, N° 24, des remboursements effectués, récapitulant les bordereaux nominatifs N° 17 dont une expédition y est du reste annexée.

120. Contrôle des états mensuels N°s 23 & 24. — Le Directeur s'assure, au moyen de carnet d'ordre N° 7 et des bordereaux nominatifs N°s 5 et 11, que l'état mensuel N° 23 des dépôts reçus est conforme aux sommes que le receveur principal a successivement inscrites sur les livrets.

Il contrôle de même l'état mensuel N° 24 des dépôts remboursés, au moyen du carnet d'ordre et des bordereaux nominatifs N° 17 qui ont été renvoyés aux receveurs dans le courant du mois, après visa.

121. États récapitulatifs mensuels N°s 25 & 27 à fournir au Ministère le 7 de chaque mois. — Dès que la vérification des états mensuels N°s 23 et 24 est terminée, le directeur dresse deux états récapitulatifs, par bureau de poste, l'un des dépôts reçus, l'autre des remboursements effectués POUR L'ENSEMBLE DU DÉPARTEMENT. Ces états doivent être adressés le 7, par l'entremise de la direction centrale, à l'agent comptable de la Caisse d'épargne postale.

Avant d'être envoyés au Ministère ces états, avec pièces à l'appui, sont communiqués au receveur principal afin do lui permettre d'effectuer les corrections nécessaires aux bordereaux N° 40-32.

L'envoi à l'agent comptable des états N°ˢ 25 et 27 est accompagné :

Pour l'état récapitulatif N° 25, 1° des états mensuels N° 23 établis par les receveurs ;

2° d'un récépissé de mouvement de fonds, N° 26, établi par le receveur principal et qu'il délivre à l'agent comptable pour le couvrir des sommes encaissées pour son compte.

Ce récépissé, représentant le montant total des recouvrements opérés tant par le receveur principal que par les receveurs du département, et centralisés en fin de mois dans ses écritures, doit dès lors être égal au total de l'état récapitulatif N° 25.

Pour l'état récapitulatif des dépôts remboursés N° 27, dont le montant doit être égal aux payements centralisés dans la comptabilité du receveur principal, il est accompagné des états mensuels N° 24 établis par les comptables, et auxquels sont joints les deuxièmes expéditions des bordereaux nominatifs N° 17.

Le receveur principal est couvert du montant de l'état N° 27 au moyen de récépissé de mouvement de fonds, N° 28, qui lui est délivré par l'agent comptable pour être employé dans sa comptabilité.

122. Certificats de recettes et de dépenses N°ˢ 29 & 30. — Après s'être assuré de la régularité des opérations du mois, dûment contrôlées, le Directeur établit, pour être annexé à la comptabilité du receveur principal, deux certificats, l'un de recettes, N° 29, représentant le total des dépôts reçus pendant le mois tant en premiers versements qu'en versements ultérieurs ; l'autre des dépenses, N° 30, représentant le montant exact des remboursements effectués.

123. État des transferts. — A la fin de chaque mois, le directeur adresse à la direction générale de la Caisse d'épargne postale, un état récapitulatif par journée, indiquant pour tout le département: 1° le nombre des livrets transférés; 2° le montant de ces livrets; 3° les caisses d'épargne privées d'où émanent ces livrets.

§ VI. Dispositions diverses.

124. Rétribution de 15 centimes par livret allouée aux facteurs. — La remise de 15 centimes allouée aux facteurs, pour chaque livret ouvert par leur intermédiaire, leur est payée immédiatement par les receveurs qui justifient cette dépense au moyen d'un état N° 81, émargé par les intéressés et mentionnant, jour par jour, les livrets délivrés par l'intermédiaire des facteurs. Cet état est établi en double expédition.

A la fin du mois l'une des expéditions est envoyée au directeur qui la vérifie; l'autre est conservée par le receveur comme valeur en caisse.

Après avoir vérifié tous les états N° 81 du mois, le Directeur les résume sur un état récapitulatif N° 82 dressé en triple expédition. Une des expéditions est adressée au receveur principal, accompagnée des états 81, avec ordre de rembourser immédiatement à chaque receveur le montant de son avance.

Les deux autres expéditions de l'état N° 82 sont transmises au Ministère pour servir à l'établissement de l'ordre de payement, au nom du receveur principal, des avances faites pour les indemnités allouées. Sur l'une des expéditions destinées au Ministère, le Directeur fait ressortir, dans la colonne *Observations*, le nombre et le montant des livrets obtenus par les facteurs dans chaque bureau du département (Inst^{on} N° 5. Bull. men. N° 3. Mars 1882).

125. Récapitulation des avis journaliers Nos **9, 11 & 18 sur l'avis N 9.** — Les résultats des avis Nos 9, 11 et 18 doivent être récapitulés sur la 1re page de l'avis journalier N° 9 des premiers versements, au moyen d'un tableau, dressé à la main, dans la forme ci-après :

	NOMBRE	MONTANT
Premiers versements		
Versements ultérieurs		
TOTAL.		
Remboursements.		
EXCÉDENT DES { Versements ou Remboursements.		

126. Arrêtés de vérification Nos **79 & 80.** — Les forcements ou dégrèvements prononcés sur les opérations d'épargne sont relevés au moyen d'arrêtés portant le N° 79, en ce qui concerne les dépôts reçus, et le N° 80, en ce qui concerne les remboursements.

Le Directeur doit veiller à l'exécution de ces arrêtés dans les 15 jours de leur date au plus tard, et modifier en conséquence les bordereaux existant à la direction ainsi que les inscriptions portées au carnet d'ordre N° 7 (Inst. N° 8, mars 1882).

127. Déclaration de perte des quittances extraites des livres à souche. — Il ne peut être établi de duplicata des quittances extraites des livres à souche ; il y est suppléé par une déclaration de perte (mod. N° 32) formée par l'intéressé et légalisée par le maire ou le commissaire de police de la résidence.

Cette déclaration est transmise par le déposant lui-même au directeur départemental qui, après s'être assuré de sa régularité, la lui renvoie visée.

Au moment de la remise du livret, la déclaration de perte doit être revêtue d'un accusé de réception daté et signé et cette pièce est jointe à la fiche de renvoi N° 8.

128. Liste des imprimés du service de la Caisse d'Épargne exclusivement affectés aux travaux de la Direction.

MOD. N° 7.—CARNET D'ORDRE DES PREMIERS VERSEMENTS, DES VERSEMENTS ULTÉRIEURS ET DES REMBOURSEMENTS.

MOD. N° 9. — AVIS JOURNALIER DES PREMIERS VERSEMENTS.

MOD. N° 12. — AVIS JOURNALIER DES VERSEMENTS ULTÉRIEURS.

MOD. N° 18.—AVIS JOURNALIER DES DÉPOTS REMBOURSÉS.

MOD. N° 25. — ÉTAT RÉCAPITULATIF MENSUEL DES DÉPOTS REÇUS.

MOD. N° 27.— ÉTAT RÉCAPITULATIF MENSUEL DES DÉPOTS REMBOURSÉS.

MOD. N° 29. — CERTIFICAT MENSUEL DE RECETTES.

MOD. N° 30 — CERTIFICAT MENSUEL DE DÉPENSES.

MOD. N°ˢ 38. ET 33 BIS. — AVIS DE TRANSFERT ET TALON D'AVIS DE TRANSFERT.

MOD. N° 78. — CARNET DE SORTIE ET DE RENTRÉE DES REGISTRES A SOUCHE N°ˢ 4 et 10.

NOTA. — L'état mensuel des transferts est établi à la main.

129. Régularisation des demandes de livrets. — Lorsque des irrégularités sont reconnues dans l'établissement des demandes N° 1 et que ces irrégularités n'empêchent pas la délivrance des livrets, elles sont ren-

voyées aux bureaux d'origine avec une lettre de rappel mentionnant les points défectueux et rappelant les articles de l'instruction à appliquer.

Les demandes ainsi renvoyées sont remplacées dans les bordereaux N° 5 par une note ou fiche conçue en ces termes :

La demande N° 1 se rapportant au livret établi sous le N°   a été renvoyée au bureau d'origine pour renseignements complémentaires à fournir.

Au retour de ces pièces régularisées, elles sont transmises au Ministère avec une fiche indicative des livrets et des bordereaux auxquels elles se rapportent.

CHAPITRE V

Ordonnancement des Dépenses.

---

§ I. — ORDONNANCES DE DÉLÉGATION.

130. Ordonnateurs secondaires. — Les directeurs de l'exploitation dans chaque département, les directeurs-ingénieurs pour chaque région et les Commissaires du Gouvernement près les compagnies concessionnaires des services maritimes postaux, sont, chacun en ce qui le concerne, ordonnateurs secondaires des dépenses du Ministère des Postes et des Télégraphes.

L'ordonnateur secondaire doit *lui-même* signer les mandats de dépenses publiques émis dans son service et il ne peut déléguer la signature de ces pièces qu'à l'agent chargé officiellement de le remplacer par intérim. Dans ce cas la signature de l'intérimaire est accréditée auprès du receveur-principal par un arrêté du Ministre.

131. Délégation des crédits. — Les crédits nécessaires à la liquidation des dépenses publiques sont délégués par des ordonnances du Ministre et par exercice. Ces ordonnances subdivisent les crédits alloués en chapitres, articles, paragraphes et lignes et on ne peut, pour quelque motif que ce soit, en changer l'affectation ni en dépasser le montant.

Cette sub livision est faite dans le même ordre que la sous-répartition du budget général du Ministère.

Les ordonnances délivrées pour un exercice ne peuvent non plus être employées pour la liquidation des dépenses d'un autre exercice.

132. Délai de validité des crédits délégués —

Tout crédit délégué au compte d'un exercice est valable, quelle que soit sa date, et à moins d'annulation notifiée, jusqu'au dernier jour inclus du septième mois qui suit cet exercice (*juillet*).

Après cette date, les crédits ou portions de crédits dent il est question, sont annulés d'office et rentrent au crédit général du Ministère.

133. Dépenses des Exercices clos. —

Cependant, si par suite de circonstances extraordinaires la liquidation d'une dépense prévue n'a pu être effectuée avant le délai sus-indiqué, elle est portée aux droits réservés en fin d'exercice et peut être réordonnancée sur l'exercice courant au chapitre ouvert sous le titre « *Dépenses des exercices clos.* »

Par exception, les ordonnances pour *Dépenses des exercices clos* n'ont d'effet que jusqu'à la fin de l'année pendant laquelle elles sont délivrées.

134. Prescription définitive des créances et Dépenses des Exercices périmés. —

Les créances qui, du fait des intéressés, n'auraient pu être liquidées, ordonnancées et payées dans le délai de 5 ans à partir de l'ouverture de l'exercice auquel elles se rapportent, pour les créanciers résidant en Europe ; et de 6 ans pour ceux domiciliés en dehors du territoire européen, sont prescrites et définitivement éteintes au profit du Trésor.

Toutefois, cette disposition n'est pas applicable aux créances non payées par suite du fait de l'Administration ou de pourvois en Conseil d'Etat ; mais ces dernières ne peuvent être mandatées qu'après que des crédits extraordinaires et spéciaux ont été ouverts à cet effet au chapitre désigné à l'exercice courant sous le titre de : « *Dépenses des exercices périmés.* »

Comme pour les exercices clos, les ordonnances déléguées pour dépenses des exercices périmés ne sont valables que jusqu'au 31 décembre de l'année pendant laquelle elles ont été émises.

§ II. — ÉMISSION DES MANDATS DE DÉPENSES PUBLIQUES.

135. Rédaction des mandats. — Dans les directions de l'exploitation, où le nombre des parties prenantes est généralement très grand, le travail de confection des mandats qui, quoique très minutieux, n'en doit pas moins être effectué promptement, est exécuté par tous les agents. Mais il appartient au commis de direction plus spécialement chargé des écritures de l'ordonnancement de le vérifier avant d'en inscrire les résultats sur le livre N° 799 *ter* et sur le bordereau N° 650 *bis* établis concurremment et dont il sera parlé plus loin.

Les mandats sont individuels ou collectifs. En règle générale on doit employer le mandat collectif toutes les fois qu'on a à liquider, *sur la même ligne,* une dépense quelconque à répartir entre plusieurs agents d'un même bureau. Les mandats doivent indiquer le nom, la qualité et le domicile de la partie prenante, l'objet de la dépense et la période qu'elle embrasse. Ils énoncent également l'exercice, le chapitre et la subdivision de chapitre (§ et lignes) auxquels la dépense s'applique.

Enfin les mandats sont datés et portent, à l'encre rouge, un numéro de série, unique par département et par exercice.

Lorsque la partie prenante désignée sur le mandat est simplement chargée de la répartition de son montant aux ayants-droit, ou lorsqu'il s'agit d'un remboursement d'avances, il en est fait mention spéciale au dit mandat qui doit être accompagné soit d'un état de répartition, rédigé et signé par le Directeur et à émarger par les intéressés, soit de la quittance des créanciers réels conservée comme valeur en caisse par le receveur qui fait l'avance jusqu'à régularisation.

Dans ce cas ce sont les pièces jointes aux mandats qui doivent être revêtues, s'il y a lieu, du timbre de quittance.

C'est ainsi que se liquident notamment les frais du transport des dépêches confié aux sous-agents. Dans ce cas le mandat est délivré au nom du receveur et appuyé de l'état de répartition n° 670.

Les mandats collectifs ou individuels, délivrés pour le payement du traitement des facteurs-boîtiers, locaux ou ruraux, mentionnent aussi le montant annuel et mensuel des hautes-payes cumulé avec le montant annuel et mensuel des traitements, pour ne former, par partie prenante, qu'un total qui n'exige qu'un droit de timbre de quittance.

136. Date d'émission des mandats. — L'émission des mandats de dépenses publiques a lieu, savoir :

1° Tous les mois, à la date du 27, pour les traitements, les salaires, les hautes payes et les indemnité de toute nature, sauf celles de chaussure et d'habillement.

2° A la fin du dernier mois de chaque trimestre pour les frais de régie et de loyer et les indemnités d'habillement.

Les mandats trimestriels prennent le nom du premier mois de chaque trimestre.

3° A l'issue de chaque tournée, pour les frais de mission et de route alloués aux brigadiers-facteurs, et sur le crédit par provision délégué à cet effet.

4° Enfin, pour le secours, aussitôt après l'arrivée des ordonnances qui les accordent et à quelque date que ce soit.

Dans les directions ou commissariats du gouvernement chargés de liquider les *indemnités de service effectif à la mer et les frais d'aide des agents embarqués*, les mandats dont il s'agit sont délivrés sur le crédit par provision existant dans ce but et aussitôt après que l'agent intéressé a fourni le décompte des sommes qui lui sont dues.

137. Registre minute des traitements et indemnités périodiques. — Les mandats de traitements, salaires et indemnités périodiques sont établis d'après le registre minute N° 503 constamment tenu au courant des modifications survenues.

Ce registre présente tant pour les noms, qualités et résidences que pour le montant des traitements, des retenues à exercer, du net à payer, des émoluments accessoires et des indemnités périodiques, toutes les indications qui doivent être portées sur les mandats individuels ou collectifs.

On ne saurait trop tenir à la régularité du registre N° 503 qui facilite le travail de la mandature et évite toutes recherches.

138. Registre matricule des salaires des entrepreneurs de services. Avis mensuel au Ministère des sommes à payer pour ces services. — Un registre matricule N° 188 est réservé à l'inscription, par nature d'exploitation, des salaires des entrepreneurs de services des dépêches du département, avec mention successive de toutes les modifications de salaire survenues dans ces services.

Le registre N° 188 est divisé en autant de sections qu'il y a de natures d'exploitation et comme suit :

1° Services par entreprise en voiture;

2° Services par entreprise à cheval;

3° Services par entreprise à pied;

4° Service par sous-agents ou postulants facteurs;

5° Services par eau;

6° Services temporaires et provisoires au mois ou à la journée.

C'est au moyen des inscriptions portées mensuellement à ce livre qu'est établi, le 3 de chaque mois, l'avis N° 188 *bis* destiné à faire connaître au Ministère le montant des sommes à prévoir pour la liquidation des frais de transport des dépêches par entreprise.

Les salaires des entrepreneurs sont payés mensuelle-ment, *mais avec un mois de retard dans leur liquida-tion.*

Le premier mandat délivré à un entrepreneur doit être appuyé de l'extrait timbré de son marché qui est rappelé sur tous les mandats délivrés ultérieure-ment.

139. Ampliations justificatives à joindre aux mandats d'indemnités éventuelles ainsi qu'aux autres mandats.

— Aucunes dépenses concernant des indemnités éventuelles telles que : les secours, les frais de remplacement, les gratifications etc., ne peuvent être ordonnancées sans une ampliation de la décision ou un état approuvé qui les autorise, pièces qui sont jointes aux mandats. Si ces pièces sont collectives, elles doivent être annexées au premier mandat, puis rappelées sur les autres avec le N° du titre auquel elles sont jointes.

En ce qui concerne les traitements nouveaux ou les augmentations de traitements, les émoluments accessoires et les indemnités périodiques, les ampliations jointes au premier mandat ne sont pas rappelées sur ceux délivrés ultérieurement pour le même objet.

140. Division du temps pour le calcul des coupures de traitement et d'émoluments mensuels.

— En matière d'ordonnancement, chaque liquidation de traitement ou d'émoluments définis a lieu par douzième, chaque douzième représente un mois qui se décompose en trentièmes, quel que soit le nombre de jours dont il se compose.

En cas de coupure de traitement ou d'indemnité périodique, les droits acquis ou à annuler sont calculés en formant le décompte du douzième au moyen de parties aliquotes, de manière que les coupures allouées à chaque ayant-droit ou à annuler, suivant le cas, forment le plus exactement possible le montant de ce douzième. Les fractions de centime se négligent au profit du Trésor pour les dépenses de toute nature ; elles lui sont au contraire bonifiées dans le calcul des retenues.

141. Coupures de traitement sur mandat collectif. Oppositions.

— Les traitements des agents payés par mandats collectifs ne sont pas inscrits sur ces mandats lorsqu'ils sont l'objet, pour quelque motif que ce soit, d'une coupure qui en altère l'intégralité. Le nom de l'agent est seulement mentionné, pour mémoire, sur le mandat avec une mention, dans la colonne d'observation, ainsi conçue : « *Sur formule N°... pour coupure de traitement par suite de...*

Le cas d'opposition sur le traitement d'un agent compris dans un mandat collectif n'entraîne pas, sur le mandat, la déduction du traitement de cet agent.

142. Coupure de mandat en cas d'opposition sur une somme due à un entrepreneur ou à un créancier étranger à l'Administration. — En cas d'opposition sur une somme due à un créancier étranger à l'Administration ou à un entrepreneur, et lorsque l'opposition est faite pour une somme inférieure à celle à mandater le Directeur délivre, au nom du créancier de l'Administration, deux mandats : l'un de la somme à retenir, l'autre de celle restée libre. C'est sur ce dernier que devrait être indiquée toute retenue infligée à un entrepreneur pour infractions au cahier des charges ou irrégularités.

Après avoir été soumis au visa du receveur principal, les deux mandats sont adressés au receveur de la résidence du créancier réel, chargé de les faire acquitter par ce dernier, de lui payer la somme libre et de renvoyer au Directeur le titre frappé d'opposition qui est ensuite transmis au receveur principal pour en verser le montant à la Caisse des dépôts et consignations, si toutefois ce dépôt a été autorisé par un acte en forme. Dans le cas contraire le receveur principal conserve le mandat en question jusqu'à ce qu'une décision intervienne, ou jusqu'à la fin de l'exercice, époque à laquelle il est alors annulé, sans préjudice des droits du créancier à un réordonnancement sur les exercices clos.

143. Date d'ouverture et de cessation des droits des agents nouvellement installés, changés de situation, décédés, démissionnaires ou révoqués. — La jouissance du traitement ou des émoluments d'un nouveau titulaire d'emploi court à partir du jour fixé sur l'arrêté de nomination, aussi bien pour les agents comptables que pour les agents non comptables. Cependant les frais accessoires alloués à un receveur ne lui appartiennent que du jour où il a pris matériellement son service.

En cas de démission, révocation ou décès d'un agent, son traitement est dû jusqu'au jour de sa cessation de fonctions inclusivement. Les héritiers d'un receveur décédé ont droit à son traitement et émoluments jusqu'au jour de la séparation de gestion.

144. Droits des intérimaires. Cas de suspension provisoire. — Lorsque l'*intérim* d'un receveur, pour toute autre cause qu'un congé, est fait par un agent de l'administration qui a dû se déplacer, cet agent continue de recevoir son propre traitement et jouit en outre de l'indemnité de frais de déplacement afférente à son grade ; dans ce cas le traitement du titulaire tombe en fonds disponibles.

Si, au contraire, l'*intérim* est rempli par une personne étrangère au service des postes et télégraphes, cet intérimaire jouit du traitement de l'emploi qu'il occupe temporairement et ce traitement vient en déduction de l'indemnité spéciale qui lui a été allouée par l'Administration ou l'ordre de service du Directeur.

L'agent chargé d'un *intérim* sans déplacement jouit du traitement de celui qu'il remplace et son propre traitement tombe en fonds disponibles.

On ne peut disposer du traitement d'un agent suspendu provisoirement, ni des émoluments qui peuvent lui être dus. Les mandats sont au contraire délivrés à son nom, mais conservés jusqu'à décision définitive. Si cette décision entraîne privation totale du traitement et accessoires, les mandats délivrés sont annulés et leur montant est mis en fonds disponibles. Si, au contraire, la privation de traitement n'est que partielle, la partie perdue pour l'agent est portée à ses mandats comme retenue pour le service des pensions civiles.

145. Pièces à joindre aux mandats délivrés à des intérimaires. — Les mandats délivrés aux intérimaires sont accompagnés de l'ordre de mission qui les a constitués, et justifiés, pour les liquidations ultérieures par le rappel de cet ordre de mission lorsqu'il s'agit de l'attribution du traitement et émoluments du titulaire. Les mandats délivrés pour les indemnités spéciales payées en sus du traitement, ou pour les indemnités spéciales seules, lorsque le traitement n'est pas attribué, sont appuyés de la décision qui les alloue.

Pour les intérims de sous-agents, les pièces justificatives sont remplacées par une déclaration du receveur conforme au modèle donné par l'appendice N° 50 de l'instruction générale.

146. Mandats de répartition d'amendes. — Le montant des amendes prononcées pour infraction aux lois et règlements concernant le service des postes est attribué, moitié aux hospices *(service des enfants assistés)* et moitié aux saisissants.

Les mandats délivrés pour le service des enfants assistés sont établis au nom du trésorier payeur général des Finances du département et exempts du droit de quittance.

Ceux destinés aux saisissants sont individuels si la saisie a été effectuée par les agents des Postes.

Pour les autres saisissants, les mandats sont établis en nom collectif et comme suit :

Gendarmes : au nom du conseil d'administration de la Compagnie.

Agents des Douanes et des Contributions indirectes : au nom des receveurs principaux de ces Administrations.

Employés d'octroi : au nom du receveur central des octrois de la commune.

147. Mandats de régularisation de frais de

justice. — Les frais de justice non recouvrés, avancés par les receveurs qui en ont fait dépense dans leurs écritures au moyen d'un état de frais N° 162, donnent lieu à la délivrance d'un mandat de dépenses publiques dont le montant est passé en écritures au compte du budget et compensé par une recette faite au titre de « *Recouvrement et régularisation d'avances.* »

148. Décomptes des retenues pour le Service des pensions civiles. — Indépendamment de la retenue de 5 % pour le service des pensions civiles à laquelle sont soumis les traitements, les agents subissent, pour le même objet, une retenue du 1er douzième de nomination ou de promotion. Cette retenue est justifiée par l'annexion au mandat d'un décompte établi sur la formule N° 387 *bis* et de l'ampliation de la décision concernant l'agent nommé ou pourvu.

Les agents démissionnaires réintégrés subissent la retenue du 1er douzième de leur traitement de réintégration.

En ce qui concerne les retenues infligées comme peines disciplinaires aux entrepreneurs, elles sont justifiées au mandat par l'ampliation de la décision qui les a prononcées.

149. Retenue du premier mois de traitement et du premier douzième d'augmentation. — Il n'est pas délivré de mandat pour le premier mois ou la portion du premier mois à partir duquel court le traitement d'un agent nouvellement appelé à des fonctions rétribuées; la somme à laquelle il a droit est rappelée sur le mandat individuel ou collectif du mois suivant.

Par dérogation à cette règle, les mandats afférents au mois de décembre, soumis à la retenue du 1er douzième, sont émis afin de bien définir la séparation des exercices. S'il n'y a eu qu'une partie de la retenue d'effectuée par suite de nomination dans le courant de décembre, mention en est faite sur le mandat de janvier qui reçoit alors la portion de retenue afférente au nouvel exercice.

150. Mandats des agents en congé de maladie avec retenue.

— Les mandats de traitement des agents en congé avec retenue sont établis individuellement et comme si ces agents étaient présents à leur service. Le décompte de la retenue qui leur est appliquée est établi sur une formule N° 1128 *bis*, annexée au mandat qu'elle concerne avec mention de la décision qui a accordé le congé ; cette mention est portée sur tous les mandats ultérieurs dont le dernier est en outre appuyé des titres de congé sans préjudice du décompte.

Les retenues imposées aux agents en congé sont exercées sur le montant de leur traitement net de la retenue ordinaire de 5 %.

151. Mandats de précompte.

— Lorsque le montant de la retenue imposée à un agent en congé a été attribuée à son remplaçant, en déduction de l'indemnité qui lui est allouée, il est établi deux mandats ; l'un au profit de l'intérimaire, l'autre au profit du titulaire ; c'est sur ce dernier mandat que doit être prélevée la retenue de 5 % sur le traitement entier.

152. Mandats au profit des héritiers d'un créancier de l'Administration.

— Le payement des sommes dues à un créancier décédé de l'Administration est suspendu jusqu'à ce que ses héritiers aient justifié de leurs droits par un certificat de propriété relatant l'acte de décès (1).

____

(1) Les certificats de propriété doivent être établis suivant les modèles donnés par l'appendice N° 5 de l'Inst^{on} G^{le}.

Lorsque le montant de la créance ne dépasse pas 50 fr., un simple certificat du maire mentionnant le droit des héritiers, établi sur papier timbré et légalisé, peut remplacer le certificat de propriété.

Aussitôt la réception de ces pièces, reconnues en due forme et visées par le Directeur, le mandat est établi au nom des ayants-droit et mentionne leur qualité; les titres fournis sont mis à l'appui.

153. Énonciation sur les mandats des pièces justificatives. — Transmission de ces pièces au Receveur principal. — Les mandats doivent indiquer, s'il y a lieu, dans un cadre ménagé à cet effet, le nombre et la nature des pièces justificatives à produire. Ces pièces sont vérifiées et régularisées au besoin avec le plus gra. ¹ soin, visées et enfin transmises au receveur principal avec le bordereau N° 650 *bis* des mandats émis dont il sera parlé plus loin, pour être annexées ultérieurement aux mandats acquittés.

154. Expédition des mandats aux intéressés. — Visa du receveur principal. — L'émission mensuelle des mandats doit être réglée de façon que le payement puisse en être matériellement effectué par les comptables le dernier jour de chaque mois.

Le receveur principal étant seul chargé dans le département de recevoir les oppositions et de déléguer les payements sur les caisses des autres comptables, doit viser les mandats.

A cet effet ils lui sont transmis le 27 de chaque mois au soir; il les renvoie ensuite au Directeur chargé d'en faire opérer l'expédition aux intéressés après s'être assuré de leur régularité.

Le visa du receveur principal n'est valable que pendant

le mois dans lequel il a été donné; passé ce délai un nouveau visa est nécessaire.

155. Mode de payement des mandats des agents changés de département ou en congé de maladie. — L'agent qui, pour une cause quelconque a quitté avant la liquidation le département dans lequel il exerçait ses fonctions, est payé par le receveur de sa résidence nouvelle au moyen d'une demande de fonds de subvention formée par le receveur principal qui a visé le mandat. Le receveur qui reçoit cette demande fait acquitter le titre par l'intéressé, lui en paie le montant et en passe écriture en dépense sous la rubrique *« Fonds remis aux Receveurs des Postes »* dépense justifiée par le récipissé N° 80 *bis*. Il renvoie ensuite le titre acquitté au receveur principal qui le lui a transmis, lequel l'inscrit en dépense au compte du budget et fait recette de son montant net sous la rubrique *« Fonds reçus des Receveurs des Postes; »* cette recette est justifiée par le talon du récépissé N° 80 *bis*.

156. Bordereau N° 650 bis des mandats émis. — Chaque émission de mandats de dépenses publiques doit être accompagnée, lors de l'envoi au receveur principal, d'un bordereau détaillé N° 650 *bis* relatant les pièces justificatives annexées auxdits mandats.

La dernière page de ce bordereau doit contenir la récapitulation des mandats émis par chapitre, article, paragraphe et ligne de la nomenclature; il est terminé par l'accumulation du montant des bordereaux antérieurs se rapportant au même exercice, déduction faite des annulations qui y sont également mentionnées.

Chaque bordereau N° 650 *bis* est numéroté et doit

rester entre les mains du Receveur principal qui pointe dessus les mandats acquittés.

157. Duplicata de mandat de dépenses publiques perdu ou détruit. — En cas de perte d'un mandat il en est délivré un duplicata sur l'attestation motivée de la partie intéressée et sur la déclaration écrite du receveur chargé du payement que ce mandat n'a pas été payé par lui. Cette déclaration doit être visée par le receveur principal du département. LE DUPLICATA EST REMPLI A L'ENCRE ROUGE ET REÇOIT LA DATE ET LE NUMÉRO DU TITRE PRIMITIVEMENT DÉLIVRÉ. Il doit porter en tête cette indication :

Duplicata ou *triplicata délivré le*

Les mandats délivrés par *duplicata* annulent les titres primitifs qui, s'ils viennent à être retrouvés, sont renvoyés à l'ordonnateur secondaire.

158. Déductions opérées sur les mandats collectifs. — Mandats de secours non payés par suite de décès. — Les déductions opérées sur les mandats collectifs par suite d'absence, de décès ou d'impossibilité de signer des bénéficiaires, sont notifiées par le receveur principal au Directeur qui en fait annuler le montant dans ses écritures et délivre ensuite, s'il y a lieu, des mandats individuels. Si le créancier est décédé, le mandat est établi comme il est dit à l'article 152 pour le montant de ce qui lui est dû jusques et y compris le jour de son décès; l'excédent tombe en fonds disponibles.

Les mandats de secours non acquittés par suite du décès du bénéficiaire sont annulés et leur montant tombe également en fonds disponibles, les héritiers ou représentant ne pouvant avoir droit à ce secours qu'en vertu d'une nouvelle décision du Ministre.

159. Annulation des mandats non payés en fin d'exercice. — Tout mandat, non payé au 31 août de l'année qui suit l'exercice pour lequel il a été délivré, cesse d'être valable et est annulé d'office dans les écritures de l'ordonnateur secondaire, sans préjudice des droits des créanciers.

Le réordonnancement ne peut en avoir lieu que sur le budget de l'exercice courant au titre de *« Dépenses des exercices clos »* et par suite d'une nouvelle délégation.

§ III. — Tenue des livres Officiels et des écritures de l'Ordonnancement.

160. Livres de l'Ordonnancement, leur objet. — Les livres officiels de l'ordonnancement sont au nombre de quatre, savoir :

1° Le livre-journal des crédits délégués (n° 799) sur lequel le montant des ordonnances de délégation, ainsi que les avis d'annulations, sont enregistrés aussitôt leur réception et avec accumulation des mois antérieurs.

2° Le livre d'enregistrement des droits constatés (n° 799 *bis*) qui a pour but de déterminer le montant des évaluations ou liquidations des droits constatés au profit des créanciers de l'État, alors même que les mandats ne pourraient être délivrés qu'ultérieurement.

Ce livre contient autant de comptes séparés qu'il y a de nature de dépenses à liquider dans le département et dans l'ordre de la nomenclature du budget.

3° Le journal général des mandats délivrés (n° 799 *ter*) qui est destiné à l'enregistrement immédiat et successif, par ordre de numéros, de tous les mandats individuels ou collectifs délivrés par l'ordonnateur secondaire.

Des colonnes sont ménagées pour recevoir le numéro de série et les numéros indicatifs du classement de chaque nature de dépense, suivant la nomenclature du budget d'après laquelle les crédits sont ouverts sur les ordonnances.

Les annulations de mandats sont constatées à l'encre rouge sur le même livre, avec les détails nécessaires et au moment où elles ont lieu. Le montant en est porté dans la dernière colonne.

Une colonne est également ménagée pour recevoir l'indication de la nature des pièces justificatives jointes à chaque mandat et le nombre de ces pièces.

Chaque mandat doit être pointé sur le journal général à la réception des relevés de paiement N° 245 établis par le receveur principal et dont il sera parlé plus loin.

4° ENFIN, LE LIVRE DES COMPTES (N° 779 *quater*) qui résume, par chaque ligne de dépense : 1° le montant des crédits délégués ; 2° celui des mandats délivrés ; 3° celui des payements effectués en vertu de ces mandats. Les sommes portées dans les diverses parties de ce livre sont cumulées de mois en mois comme pour les autres livres de l'ordonnancement.

Les annulations de crédits ou de mandats sont également portées au livre N° 799 quater, dans la 1re ou la 2° partie de chaque compte suivant le cas ; les payements sont portés à la 3° partie.

La première colonne de chaque compte est remplie d'après le détail des ordonnances ; la 2° d'après le journal général des mandats, et la 3° d'après le relevé N° 245 fourni par le receveur principal.

161. Relevé mensuel des payements de mandats N° 245. — Le 9 ou le 12 du mois au plus tard, suivant que le département appartient à la première ou à la seconde série (Instruction 101), le receveur principal adresse au Directeur un relevé N° 245 donnant le détail, dans l'ordre de division de la nomenclature, de tous les mandats payés pendant le mois précédent.

Il doit être fourni ue relevé au nom de chaque ordonnateur et pour chaque exercice en cours.

Le relevé N° 245 afférent au service technique est transmis le jour même au directeur-ingénieur, revêtu du visa du directeur départemental, et après rapprochement des lignes correspondantes du bordereau N° 12 *ter*.

C'est au moyen du relevé N° 245 qu'est tenue la troisième partie de chaque compte au livre N° 799 *quater*, ainsi que cela a été dit ci-dessus.

162. Constatation des droits en fin d'exercice.

— Dans le courant du mois de juin de l'année qui suit celle donnant son nom à l'exercice, le directeur s'assure que tous les droits acquis dans son service ont été constatés, que les crédits délégués dont il dispose suffisent pour les apurer.

Lorsque des droits n'ont pas été constatés, l'omission est réparée et le supplément de crédits nécessaire est demandé avant le 16 juillet au Ministère.

Le dernier mois, c'est-à-dire en juillet, tous les mandats restant à émettre sont délivrés et les bénéficiaires sont invités à en réclamer le payement avant le 31 août, date de clôture.

163. Vérification des écritures d'ordonnancement en fin d'exercice. — Avant d'arrêter la situation finale de l'exercice le directeur doit s'assurer :

1° Que les payements n'excèdent pas les droits constatés et réciproquement.

2° Que le montant des crédits délégués est égal au montant des extraits d'ordonnances de délégation reçus du Ministère, et que le montant des payements ne dépasse pas celui des crédits délégués, sauf le cas d'autorisation spéciale et provisoire.

3° Que le montant des payements est égal au montant des mandats délivrés.

En cas de différences, il y a lieu de rechercher d'où e'les proviennent et de procéder à des opérations rectificatives devant équilibrer toutes les parties des écritures entre elles.

Comme il est dit précédemment, les mandats non payés en fin d'exercice sont annulés.

164. Rectification des erreurs sur les livres de l'Ordonnancement. Les livres de l'ordonnancement ne doivent présenter ni ratures ni surcharges.

Les erreurs reconnues sont en conséquence rectifiées comme suit :

Toute erreur en plus est redressée par un article motivé dont la somme est placée dans la colonne des annulations. Si l'erreur en plus porte sur les sommes annulées, la rectification est opérée à la fin du mois par un article en déduction, motivé et inscrit à la suite du total général des sommes annulées.

Toute erreur en moins se rectifie par un article additionnel inscrit à la date du jour où la faute a été reconnue.

165. Continuation des mêmes écritures d'ordonnancement par un nouveau Directeur. — Le cas de mutation entre directeurs n'entraîne pas l'ouverture de nouvelles écritures d'ordonnancement. Les registres ouverts sont parafés, de concert, par l'ordonnateur sortant et par son successeur afin que les actes de chacun d'eux puissent au besoin être distingués.

166. Etat mensuel des crédits disponibles

N° 732. — Le 4 de chaque mois, le Ministère doit être avisé, au moyen d'un état N° 732, détaillé par nature de crédits, des sommes disponibles depuis l'ouverture de chacun des exercices en cours.

Cet état, établi d'après le livre N° 799 *bis* et les deux premières parties de chaque compte du livre N° 799 *quater*, doit faire connaître exactement les motifs pour lesquels les crédits n'ont pas été entièrement employés ou pour lesquels des fonds sont réservés, suivant qu'il s'agit de crédits à annuler ou à conserver pour droits acquis et constatés.

Le total général de l'état N° 732, additionné avec le montant des mandats délivrés, doit fournir une somme égale au montant des crédits délégués. *Il est établi un état N° 732 par exercice.*

167. Situations mensuelles.

— Le 12 ou le 16 de chaque mois, suivant le département, le directeur transmet au Ministère, bureau de l'ordonnancement, une situation mensuelle, par exercice, extraite des livres de l'ordonnancement.

Cette situation est la reproduction, par chaque ligne de dépense, des résultats consignés aux livres des comptes N° 799 *quater* et des droits constatés N° 799 *bis*.

Elle présente par chapitre, article, paragraphe et ligne :

1° Le montant des crédits délégués ;

2° Les droits constatés ;

3° Le montant des mandats délivrés ;

4° Celui des payements effectués.

Tous ces résultats doivent rigoureusement concorder avec les livres d'ordonnancement, ainsi qu'avec le relevé

N° 245 et le bordereau N° 12 *ter* du receveur principal, en ce qui concerne les payements effectués.

Les situations ne doivent évidemment présenter que le résultat net des écritures, déduction faite des annulations. Il en est gardé minute à la direction.

Lorsqu'une annulation a été effectuée sur une ligne ou, pendant le mois, il n'y a eu ni crédits délégués, ni mandats délivrés, ni payements effectués, le montant de cette annulation, porté à l'encre rouge sur la situation mensuelle et dans la colonne correspondante, vient en déduction du total des chapitres.

168. Situation définitive en fin d'exercice & pièces qui l'accompagnent. — La dernière situation mensuelle d'un exercice, ou situation définitive, doit constater tous les droits acquis qui n'ont pu être liquidés avant la clôture de l'exercice.

Cette situation est accompagnée :

1° D'un relevé du montant de ces droits acquis provenant soit des créances non liquidées, soit des créances liquidées mais non mandatées, soit enfin des créances mandatées mais non payées;

2° D'un état de développement, par catégorie d'emploi, du montant des droits constatés et des payements effectués pour traitements fixes, d'après la situation finale. Cet état présente également le nombre des agents en activité pendant l'année, et, si ce nombre a dû varier, une moyenne est établie.

§ IV. — Demandes de crédits au Ministère.

169. Insuffisance de crédits constatée dans une ordonnance de délégation. - Lorsqu'une ordonnance de délégation présente sur une ou plusieurs lignes une insuffisance de crédits, cette insuffisance doit être immédiatement signalée au Ministère, avec détails, en lui demandant l'autorisation de faire payer, s'il y a lieu, les intéressés par avance.

Aucune avance ne peut être faite, aucun mandat provisoire ne peut être délivré sans l'autorisation expresse de l'Administration.

170. Crédits à demander pour dépenses accidentelles. — Indemnités diverses, secours, frais de remplacement, de premier établissement. — *Les indemnités pour le salaire des facteurs auxiliaires dont le concours a été autorisé par l'Administration* sont liquidées au moyen d'un état N° 299 septiés, ainsi que *les indemnités pour surcroît de travail accordées aux facteurs dont le service est momentanément aggravé.*

Le tableau N° 2 de la même formule sert à décompter les sommes à payer aux facteurs locaux et ruraux à titre *de frais de passage d'eau, ou autres, qui ont un caractère purement accidentel.*

Ces indemnités doivent être demandées à l'Administration le 6 de chaque mois au plus tard.

Les indemnités pour passage d'eau permanent sont liquidées par semestre au moyen de formules N° 299, récapitulées au tableau N° 2 de la formule N° 299 *septiés* du mois.

Les compléments de salaires à allouer aux remplaçants des facteurs qui ne sont pas autorisés à conserver leur traitement, ainsi que les sommes à payer aux remplaçants des facteurs autorisés à conserver leur traitement, sont liquidés au moyen de la formule N° 299 *octiés.*

Les frais de transports extraordinaires de dépê-

ches *par terre* sont établis au moyen de la formule N° 851. La formule N° 851 *bis* sert à la liquidation des *frais de transport des dépêches par chemin de fer.*

Les frais de 1ᵉʳ *établissement* sont demandés au moyen du certificat N° 299 *quater.*

Les frais de missions ou de voyages extraordinaires des agents autres que les inspecteurs, sous-inspecteurs et brigadiers pour lesquels il est délivré un crédit par provision, sont liquidés sur une formule N° 216 ou N° 1122, suivant le cas.

Tous ces états doivent être transmis à l'Administration dans les 6 *premiers jours du mois qui suit celui pendant lequel les droits ont été acquis.*

Les états 299 *sepliès et octiès,* les états N° 851 et 851 *bis* et les formules N° 216 et 1122 sont renvoyés approuvés pour être joints aux mandats. Les autres donnent lieu à la la délivrance d'une ampliation de la décision prise à leur sujet.

Les demandes de secours sont formées sur formule N° 573 et *les demandes de frais de remplacement* sur formule N° 573 *bis.*

Ces documents s'envoient du 20 au 25 de chaque mois et donnent également lieu, le cas échéant, à la délivrance d'une ampliation individuelle ou collective.

171. Liquidations des indemnités allouées pour service de nuit aux receveurs des postes. — Les indemnités allouées pour service de nuit aux receveurs des postes sont liquidées tous les mois, avec un mois de retard.

A cet effet il doit être dressé, dans les cinq premiers jours, un état N° 619 *bis* D des ayants-droit à une indemnité de service de nuit pendant le mois précédent.

Chaque fois que le service de nuit d'un bureau a été modifié par un ordre de service il est nécessaire d'annexer, à l'état N° 619 *bis*, une formule N° 619 faisant connaître, avec détails, la catégorie à laquelle ce bureau doit appartenir, ainsi qu'un extrait de l'ordre de service.

172. Service de nuit des agents du Télégraphe. — Le décompte du service de nuit effectué par les agents et sous-agents du télégraphe est établi dans les cinq premiers jours de chaque mois, pour le mois précédent, sur une formule N° 221 qui, revenue approuvée du Ministère, sert elle-même de mandat.

173. Service de nuit dans les gares de contrôle. — La formule N° 271 est l'état sur lequel sont constatés les droits des agents détachés dans les gares de contrôle à l'indemnité de service de nuit attribuée à leur service.

Cet état, revêtu de l'approbation du Ministère, sert également de mandat de payement et est en conséquence enregistré comme tel au livre journal N° 700 *ter*.

174. Indemnités pour service supplémentaire. — Les indemnités pour service supplémentaire se liquident comme les services de nuit, mais au moyen d'une formule spéciale N° 241 qui, une fois approuvé, a toutes les qualités d'un mandat de dépenses publiques.

175. Remise pour frais de perception. — Les titulaires de bureaux télégraphiques de l'État, fusionnés ou non avec le service des postes, ont droit à une indemnité, dite de frais de perception, calculée sur le montant des produits encaissés mensuellement.

Le décompte de ces remises est établi par les receveurs, en double expédition, sur une formule N° 312 P ; ces formules sont récapitulées sur un bordereau N° 206 P qui est soumis à l'approbation du Ministère et sert ensuite à l'établissement des mandats individuels àuxquels il est joint avec une des expéditions du décompte N° 312 P.

176. Remises aux agents auxiliaires pour la transmission, la réception, le passage & le port à domicile des dépêches. — Ces remises diverses sont établies mensuellement au moyen d'un état N° 236 sur lequel sont mentionnés, par bureaux, les noms et qualités des agents et le détail des indemnités auxquelles doit donner lieu le travail des transmissions pendant le mois précédent.

L'état N° 236 est joint au premier mandat délivré et rappelé sur les autres.

177. Remboursement des avances faites pour frais d'exprès et de poste. — Le montant des états F et G (avances faites pour les frais d'exprès et d'affrar.-chissement des télégrammes) est remboursé au receveur principal, qui en a pris charge dans ses écritures comme avances à régulariser, au moyen d'un mandat de dépenses publiques établi d'après une des expéditions approuvée du bordereau N° 207 F G, qui a dû être dressé en triple expédition après vérification des pièces de dépense.

Le bordereau n° 207 F G et les états de dépenses F et G sont joints au mandat délivré au receveur principal à titre de régularisation.

178. Liquidation des hautes-payes. — Les hautes-payes accordées aux facteurs-boîtiers, locaux et ruraux sont liquidées mensuellement avec leur salaire. Le crédit nécessaire pour cet objet est demandé, le 5 de chaque mois au plus tard, au moyen d'une formule N° 773 *ter; sauf en ce qui concerne les mois de janvier et de*

*juillet, dans lesquels ont lieu les concessions nou-
velles ; dans ce cas, il est fait usage des formules
N°ˢ 773 et 773 bis.*

**179. Frais de route alloués aux agents pour
changement de résidence.** — Lorsqu'un agent changé
de résidence a droit à l'indemnité de frais de route, le
décompte des sommes qui lui sont dues à cette occasion
est établi sur un état de frais N° 902 certifié par le
Directeur et transmis ensuite au Ministère qui le renvoie approuvé pour être joint au mandat à délivrer.

**180. Indemnités de chaussure et d'habillement
des sous-agents.** — Le troisième jour du dernier mois
de chaque trimestre le Directeur doit faire connaître, au
moyen d'un état N° 215, pour les sous-agents du télégraphe, et 215 *bis* pour les sous-agents des postes, le montant du crédit qui lui est nécessaire pour opérer la liquidation des indemnités de chaussure et d'habillement dues
aux sous-agents, pour le trimestre en cours, en vertu de
la loi du 29 juillet 1881.

**181. Etat des frais de loyer à transmettre au
2ᵉ bureau du service central.** — Les 20 février,
20 mai, 20 août, et 20 novembre de chaque année, il doit
être adressé au service central, 2ᵉ bureau, un état faisant
connaître le montant de la délégation de crédits nécessaire pour le payement des loyers des bureaux pendant
le trimestre en cours et pendant les deux mois qui
suivent.

Il est fait abstraction dans cet état des frais de régie.

CHAPITRE VI

Comptabilité Départementale.

---

§ I. — Division, classification et centralisation
de la comptabilité départementale.

182. Divisions et subdivisions de la comptabilité départementale. — Comme la comptabilité des receveurs ordinaires, la comptabilité départementale, qui n'est autre que l'ensemble des opérations effectuées mensuellement dans un département, embrasse deux parties bien distinctes qui sont : les *recettes* et les *dépenses*.

Les recettes comprennent :

1º LES RECETTES SUR LES CONTRIBUTIONS ET REVENUS PUBLICS ;

2º LES RECETTES SUR OPÉRATIONS DE TRÉSORERIE.

Les dépenses comprennent :

1º LES DÉPENSES PUBLIQUES A LA CHARGE DU BUDGET ;

2º LES DÉPENSES POUR OPÉRATIONS DE TRÉSORERIE.

183. Classification des recettes sur les contributions et revenus publics. — Ces recettes se décomposent en onze produits mentionnés comme suit aux livres et bordereaux de comptabilité :

Art. 1. Produit net de la taxe des correspondances et solde de compte avec les
offices étrangers;

Art. 2. Droit perçu sur les envois d'argent (mandats français) ;

Art. 3. Droit perçu sur les envois d'argent (mandats internationaux);

Art. 3 *bis*. Taxes perçues par l'État sur le transport des colis postaux ;

Art. 4. Recettes diverses et accidentelles (Postes);

Art. 5. Produit net de la taxe de la télégraphie
privée;

Art. 6. Soldes de comptes télégraphiques avec les
offices étrangers;

Art. 7. Remboursement par les compagnies de chemins de fer des frais de surveillance de
leur service télégraphique;

Art. 8. Recettes diverses et accidentelles (Télégraphes);

Art. 9. Retenues diverses pour le service des pensions civiles ;

Art. 10. Versements d'établissements divers pour
traitements des agents qui leur sont
imposés.

184. Classification des recettes sur opérations de Trésorerie. — Ces recettes se subdivisent en 16 articles inscrits aux livres et bordereaux de comptabilité comme suit :

Art. 11. Articles d'argent reçus (Mandats français);

Art. 12. Articles d'argent reçus (Mandats internationaux);

Art. 13. Fonds reçus pour les assurances en cas de

DÉCÈS OU D'ACCIDENTS (Compte-courant avec la caisse des dépôts et consignations);

ART. 14. FONDS REÇUS POUR LES CAISSES D'ÉPARGNE PRIVÉES (Compte-courant);

ART. 15. REMISES AUX AGENTS POUR RECOUVREMENTS DE VALEURS (Recette d'ordre) (');

ART. 16. CONSIGNATIONS POUR PROTÊTS, REMISES ET REMBOURSEMENTS;

ART. 17. ARTICLES D'ARGENT INDUMENT PAYÉS, ABONNEMENT AU BULLETIN MENSUEL DES POSTES ET TÉLÉGRAPHES, AU BULLETIN DES LOIS, MONITEUR DES COMMUNES, BULLETIN DES ARRÊTS DE LA COUR DE CASSATION;

ART. 18. CAISSE D'ÉPARGNE POSTALE. — 1ers versements;

ART. 19.   —   —   Versements ultérieurs;

ART. 20. REMBOURSEMENT PAR LA CAISSE D'ÉPARGNE POSTALE (Recette d'ordre) (1);

ART. 21. FONDS TRANSFÉRÉS A LA CAISSE D'ÉPARGNE POSTALE PAR LES CAISSES D'ÉPARGNE PRIVÉES;

ART. 22. RECOUVREMENT D'AVANCES (régularisation).

ART. 23, 24, 25 et 26. MOUVEMENTS DE FONDS ENTRE LES RECEVEURS DES POSTES ET TÉLÉGRAPHES ET LES COMPTABLES DES AUTRES ADMINISTRATIONS FINANCIÈRES.

185. Classification des dépenses publiques à la charge du budget. — Les dépenses publiques sont celles qui donnent lieu à l'établissement de mandats de payement d'après ordonnances directes du Ministère ou ses

______

(1) Les recettes d'ordre sont celles dont le montant se trouve exactement répété à un article correspondant des dépenses.

ordonnances de délégation. (*Voir le chapitre ordonnan-cement*).

Ces dépenses sont inscrites aux bordereaux N° 40-32 des receveurs ordinaires, et 12 *quater* du receveur principal, en un seul article pour chaque exercice, inti-tulé : *Dépenses applicables au budget de.....;* mais elles sont classifiées par chapitre, article, paragraphe et ligne aux bordereaux N° 12 *bis* et 12 *ter* dont il sera question plus loin et dont elles forment les deux premiers articles de dépense.

186. Classification des dépenses pour opérations de Trésorerie. — Ces dépenses forment 17 arti-cles classés comme suit aux livres et bordereaux de comptabilité :

ART. 3. ARTICLES D'ARGENT PAYÉS (Mandats français);

ART. 4. — (Mandats interna-tionaux).

ART. 5. ASSURANCES EN CAS DE DÉCÈS OU D'ACCIDENTS ;

ART. 6. FONDS REÇUS POUR LES CAISSES D'ÉPARGNE PRIVÉES ;

ART. 7. REMISES AUX AGENTS POUR RECOUVREMENTS DE VALEURS (Dépenses d'ordre) (1);

ART. 8. CONSIGNATIONS POUR PROTÊTS, etc. ;

ART. 9. ARTICLES D'ARGENT INDUMENT PAYÉS, ABONNE-MENT AU BULLETIN MENSUEL DES POSTES ET TÉLÉGRAPHES, DES LOIS, etc. ;

ART. 10. VERSEMENTS A LA CAISSE D'ÉPARGNE POSTALE (Dépense d'ordre) (¹);

ART. 11. REMBOURSEMENTS DE LA CAISSE D'ÉPARGNE POS-TALE ;

---

(1) Les dépenses d'ordre sont celles dont le montant se trouve exac-tement répété à un article correspondant des recettes.

187. Centralisation de la Comptabilité départementale entre les mains du Receveur principal. — Bordereaux N° 40-32. — Le bordereau mensuel des recettes et des dépenses de chaque bureau est établi, en double expédition, sur une formule N° 40-32 mentionnant tous les articles énumérés ci-dessus, et appuyé des pièces justificatives en ce qui concerne l'expédition destinée au receveur principal. L'autre expédition est transmise au Directeur pour surveiller la situation de chaque comptable au point de vue de l'encaisse et de l'approvisionnement des timbres-poste, et permettre aux inspecteurs d'y puiser une partie de leurs éléments de contrôle.

Le Receveur principal est, dans chaque département, le seul agent justiciable de la Cour des Comptes, et, en cette qualité, il est chargé de rattacher à sa propre comptabilité celle des autres receveurs afin de ne présenter qu'un seul compte pour tout le département.

Quoique le receveur principal ne soit pécuniairement

responsable que des faits de sa gestion personnelle, il est aussi, comme justiciable de la Cour des Comptes, responsable de la régularité des pièces justificatives des recettes et des dépenses fournies par les autres receveurs, lorsqu'il a admis ces pièces dans sa comptabilité.

Il doit donc vérifier avec le plus grand soin et modifier, le cas échéant, à l'encre rouge, dans la colonne spéciale à ce réservée, les bordereaux N° 40-32, ainsi que les documents à l'appui soumis à son contrôle.

Les motifs des rectifications doivent être clairement énoncés sur les bordereaux.

188. Livres de la Comptabilité départementale N°s 12 et 20-318. — Indépendamment des livres ordinaires sus lesquels le receveur principal doit tenir la comptabilité particulière de son bureau, il possède deux autres livres destinés à enregistrer les opérations d'ensemble de la comptabilité départementale.

Ces livres sont :

1° LE LIVRE RÉCAPITULATIF DE RECETTES ET DE DÉPENSES N° 12.

2° LE LIVRE DES COMPTES OUVERTS A CHAQUE COMPTABLE N° 20-318.

Le livre N° 12 est divisé, pour chaque mois, en trois parties ou tableaux : le premier tableau offre, pour chaque bureau, le montant, par nature, des recettes effectuées pendant le mois et les mois antérieurs depuis le commencement de l'année ou de la gestion du receveur principal.

Le deuxième tableau présente un développement semblable pour les dépenses.

Enfin le troisième tableau récapitule, également par bureau, les recettes et les dépenses ; il fait ressortir l'excédent et donne le détail des valeurs dont il se compose.

Le livre N° 12 ne peut être définitivement arrêté qu'après la réception des certificats établis par le Directeur pour les articles d'argent, le produit net de la taxe des correspondances, de la télégraphie et pour les abonnements aux *Bulletin des lois, Moniteur des communes,* etc.

Les bordereaux N° 10-32 doivent être rectifiés, s'il y a lieu, et mis d'accord avec les résultats consignés aux certificats.

189. Livre des Comptes ouverts N° 20-318. — Le livre des comptes ouverts a pour objet de présenter la série non interrompue des opérations annuelles de chaque comptable et dans le même ordre qu'elles sont constatées au livre N° 12.

Les écritures du livre N° 20-318 ne sont en conséquence effectuées qu'au moment où le compte mensuel de chaque comptable a été définitivement arrêté.

190. Bordereau N° 12 bis. — L'ensemble des opérations portées au livre N° 12, d'après les bordereaux N° 10-32 rectifiés, est résumé sur un bordereau N° 12 *bis* présentant les divisions indiquées aux articles 183, 184, 185 et 186 ci-dessus.

Ce bordereau, accompagné de toutes les pièces de comptabilité classées dans des fiches correspondant à chaque article de recettes et de dépenses, est établi en triple expédition et doit parvenir au Directeur soit le 10, soit le 12 de chaque mois, suivant l'importance du département.

191. État récapitulatif N° 41-445. — Les bordereaux N° 12 *bis* doivent être accompagnés d'un état récapitulatif des pièces de recettes et dépenses mentionnant leur montant par article. Cet état est dressé en double expédition, sur formule N° 41-445, et suivant l'ordre des articles au livre N° 12.

Une partie de l'état récapitulatif N° 41-445 porte accusé de crédit et est réservée à la comptabilité publique qui y établit la situation du receveur principal telle qu'elle ressort de la vérification dont son compte mensuel a été l'objet.

192. Bordereau N° 12 ter des dépenses publiques. — L'envoi au Directeur de la comptabilité départementale est également accompagné d'un bordereau N° 12 *ter*, en simple expédition, mentionnant par exercice et par divisions, suivant la nomenclature du budget, les dépenses publiques acquittées pendant le mois avec report des mois antérieurs en regard de chaque ligne de dépense.

Les résultats de ce bordereau doivent être en tous points conformes à ceux consignés aux situations mensuelles N° 800 établies à la direction, avec lesquels ils sont, du reste, préalablement comparés.

Le bordereau N° 12 ter est destiné au Ministère des Postes et Télégraphes, Bureau de l'Ordonnancement, où il est transmis par le Directeur, après vérification, le 16 de chaque mois.

193. Bordereau N° 12 quater. — Enfin le receveu principal établit encore, pour être transmis au directeur avec la comptabilité départementale, un bordereau N° 12 *quater* résumant, article par article, toutes les opérations de recette et de dépense consignées, avec détails, au bordereau mensuel N° 12 *bis*.

Le bordereau N° 12 *quater*, qui a remplacé l'avis trop succinct N° 24 *ter*, est destiné au bureau de la *Vérifi-*

*cation des produits où il doit être expédié le 10 de
chaque mois.*

**194. Comptes de gestion annuelle de rece-
veurs principaux.** — Les receveurs principaux rendent compte annuellement de leur gestion en deux parties
distinctes :

Dans la première partie ils présentent sous le titre de
« COMPTE DES EXERCICES CLOS ET PÉRIMÉS » les opérations
complémentaires des exercices précédents effectuées pendant l'année courante.

Ce 1er compte est établi le 5 octobre de chaque année,
au plus tard, et soumis à la vérification du Directeur qui
doit le transmettre à la comptabilité publique le 10 du
même mois.

Dans la 2e partie du compte de gestion, les receveurs
principaux présentent l'ensemble de toutes les recettes et
dépenses effectuées au titre de l'exercice courant avec
report des opérations de la 1re partie ci-dessus.

Ce deuxième compte est établi du 1er au 5 février de
chaque année, soumis également à la vérification du
Directeur qui le transmet ensuite au Ministre des Finances
le 10 du même mois.

*La gestion d'un receveur principal sorti de fonc-
tions étant indépendante de celle de son successeur,
il doit être établi un compte de gestion annuel pour
chacun de ces deux comptables.*

§ II. — VÉRIFICATION DE LA COMPTABILITÉ
DÉPARTEMENTALE A LA DIRECTION.

**195. Communication au directeur de la comp-
tabilité départementale.** — Ainsi qu'il a été dit à

l'article 100, le Directeur doit recevoir du receveur principal le 10 ou le 12 de chaque mois, suivant le classement du département, les trois expéditions du bordereau N° 12 *bis* accompagnées des pièces de recette et de dépense; les deux expéditions de l'état récapitulatif N° 41-445 résumant les opérations; les bordereaux N°s 12 *ter* et 12 *quater*, ainsi que les bordereaux mensuels N° 40-32 rectifiés des receveurs.

196. Classement des pièces de recette et de dépense, des fiches particulières et récapitulatives. — Les pièces jointes par le receveur principal à l'appui de la comptabilité doivent être classées dans l'ordre indiqué au bordereau N° 12 *bis* et réunies dans des fiches particulières à chaque nature de recette ou de dépense; ces fiches particulières sont elles-mêmes placées dans une fiche récapitulative qui doit présenter un total égal à celui de l'article correspondant du bordereau N° 12 *bis*.

Les fiches de recette portent le N° 313;

Les fiches de dépense pour opérations de trésorerie portent le N° 353 *bis;*

Les fiches de dépense récapitulant les articles 1 et 2 du bordereau N° 12 *bis,* c'est-à-dire les dépenses applicables au budget, portent le N° 1136 et mentionnent le montant des retenues exercées pour le service des pensions civiles, indépendamment de l'état N° 86 présentant le développement de ces retenues et joint lui-même à la comptabilité.

197. Vérification des pièces de recette et de dépense et des fiches qui les contiennent. — Comme il a été dit ci-dessus, les pièces mises à l'appui de la comptabilité sont classées dans des fiches particulières portant le titre de la recette ou de la dépense, le N° de l'article du bordereau Nº 40-32 et celui de la ligne du bordereau Nº 12 *bis* auxquels elles se réfèrent.

L'agent chargé de vérifier la comptabilité départementale doit tout d'abord s'assurer de la validité et de la régularité des pièces insérées dans les fiches, puis, au moyen d'un pointage, en comparer les résultats avec ceux inscrits auxdites fiches. Le résultat de cette vérification est constaté par un V à l'encre rouge en regard du total de chaque fiche.

Les résultats des fiches particulières sont ensuite pointés sur la fiche récapitulative et les totaux généraux de cette fiche sont repassés avec soin.

198. Vérification du bordereau Nº 12 bis. — Les fiches récapitulatives ayant été comparées avec les résultats partiels des fiches particulières, servent à contrôler le bordereau mensuel Nº 12 *bis*.

Il suffit pour cela de rapprocher de chaque article du bordereau les résultats portés à la fiche récapitulative de cet article ; de repasser les additions du bordereau qui doivent donner un total égal à celui de la fiche récapitulative.

Enfin, pour vérifier complètement le bordereau Nº 12 *bis* il est essentiel : 1º de s'assurer de l'exactitude du report des mois antérieurs et de l'addition transversale de chaque ligne ; 2º de rapprocher les opérations décrites au bordereau Nº 12 *bis* de celles inscrites au livre Nº 12 ; 3º de procéder à l'examen du tableau réservé sur le bordereau Nº 12 *bis* à l'inscription du montant des comptes soldés et non soldés des receveurs sortis de fonctions ; 4º enfin de s'assurer que les totaux des articles 1 et 2 de la dépense sont complètement identiques avec ceux des situations Nº 800 établies par le Directeur pour chaque exercice.

Les erreurs reconnues sur le bordereau N° 12 *bis* sont rectifiées d'office par l'inscription de la somme vraie à l'encre rouge.

L'exactitude des deux autres expéditions de ce bordereau est contrôlée au moyen d'un collationnement.

198. Vérification de l'État N° 41-445. — L'état récapitulatif N° 41-445 est contrôlé au moyen du bordereau N° 12 *bis* vérifié dont il mentionne les totaux par articles de recette et de dépense.

Le nombre des pièces justificatives jointes à la comptabilité, porté en regard de chaque article à l'état 41-445, est contrôlé au moyen des fiches particulières qui mentionnent elles-mêmes le nombre de pièces qu'elles contiennent.

200. Extrait des certificats mensuels de recette et de dépense N° 68, remplaçant ces certificats et les fiches qui les contiennent. — Les certificats mensuels ci-après désignés ainsi que leurs fiches, sont conservés à la direction et remplacés dans la comptabilité par un extrait présentant leurs résultats et établi sur une formule spéciale N° 68.

Ces certificats sont :

1ᶜ Le certificat N° 237 du produit de la taxe des lettres ;

2ᵉ Le certificat N° 255 de la taxe de la télégraphie ;

3ᵃ Les certificats Nᵒˢ 263 et 263 *bis* des articles d'argent reçus ;

4ᵃ Les certificats Nᵒˢ 275 et 275 *bis* des articles d'argent payés.

201. Talons de récépissés à joindre aux fiches en remplacement des états déclaratifs N° 58. — Les talons des récépissés, délivrés par les comptables ayant reçu des fonds de subvention, sont centralisés à la direction pour être classés, suivant la nature des comptables qui ont fourni les fonds, dans les fiches N° 343 correspondant aux lignes 48 à 56 du bordereau N° 12 *bis* (*recette*), en remplacement des états déclaratifs N° 58 qui ont servi au receveur principal à classer ces recettes par administrations financières.

En ce qui concerne les avis des prélèvements opérés par les receveurs des bureaux-chefs-lieux d'arrondissement sur les versements des autres receveurs, on opère de la même manière à cette différence que les avis de prélèvements sont joints à la fiche de dépense destinée à appuyer la ligne N° 109 du bordereau N° 12 *bis* (*art. 18 de la dépense*).

202. Vérification du bordereau N° 12 ter. —

Le bordereau N° 12 *ter* n'est autre chose que la copie de de la partie du bordereau N° 12 *bis* relative aux dépenses applicables au budget exclusivement, pour l'exercice précédent et l'exercice en cours. Les résultats du bordereau N° 12 *ter* doivent donc être identiques à ceux que présentent, pour cette partie, le bordereau N° 12 *bis* et les situations mensuelles N° 800 avec lesquels il doit être comparé avant sa transmission à la *Direction de Comptabilité, bureau de l'ordonnancement*.

203. Vérification du bordereau N° 12 quater.

— Le bordereau N° 12 *quater,* destiné au *bureau de la Vérification des Produits*, est la copie à peu près littérale du bordereau 12 *bis*, mais sans développement en ce qui concerne les dépenses afférentes au budget. Il suffit donc pour s'assurer de sa régularité de le collationner avec une des expéditions du bordereau N° 12 *bis* qui a été vérifié en détail.

Lors de l'envoi du bordereau N° 12 quater le Directeur doit faire connaitre a l'Administration les modifications, injonctions ou observations auxquelles a donné lieu la vérification de la Comptabilité au Ministère des Finances, ainsi qu'elles sont mentionnées au dernier accusé de crédit.

204. Extrait du bordereau N° 12 bis. — Aussitôt après la vérification du bordereau N° 12 *bis*, le Directeur en fait établir un extrait qui doit être transmis à la *Direction générale de la Comptabilité publique*, et par lettre spéciale, le 12 ou le 15 de chaque mois, suivant l'importance du département.

Cet extrait présente par lignes, récapitulées par articles, le montant total des recettes et des dépenses de toute nature effectuées depuis le commencement de l'année, sans distinction spéciale en ce qui concerne le mois pour lequel il est établi.

A l'extrait du bordereau N° 12 *bis*, le Directeur doit joindre un état de situation, N° 18 Fd, des comptes relatifs à la Caisse d'Épargne postale *(Versements, Remboursements, Transferts)*.

205. Classement des certificats, fiches et états déclaratifs retirés de la comptabilité. — Les certificats mensuels de recette et de dépense avec leurs fiches, ainsi que les états déclaratifs de fonds de subvention dont il est question aux articles 200 et 201 ci-dessus, sont réunis sous une fiche mentionnant le mois auquel ils se rapportent et classés dans les archives de la direction afin d'être au besoin consultés.

206. Nomenclature des pièces justificatives de la recette à vérifier.

Nos des Articles	NATURE DES RECETTES.	NATURE DES PIÈCES JUSTIFICATIVES.
1	Produit net de la taxe des lettres, etc.	Extrait des certificats (form. No 68).
2	Droit perçu sur les envois d'argent français	Extrait des certificats (form. No 68).
3	Droit perçu sur les envois d'argent internationaux .	Extrait des certificats (form. No 68).
4	Recettes diverses et accidentelles des Postes. . . .	Décl. No 903 et ordres d'encaissement.
5	Produit net de la taxe télégraphique	Extrait des certificats (form. No 68).
6	Solde de compte avec les offices étrangers.	Relevés spéciaux.
7	Remboursement des frais de surveillance	Titres de perception.
8	Recettes diverses et accidentelles des Télégraphes	Décl. No 903 et ordres d'encaissement.
9	Retenues pour pensions civiles	Etat No 85 des retenues.
10	Versements de divers établissements pour traitements d'agents	Titres de perception.
11	Articles français reçus. . .	Extrait No 68.
12	Articles étrangers reçus . .	Id.
13	Assurances en cas de décès et d'accidents	Certificl des recettes.
14	Fonds reçus pour les caisses d'épargne privées.	Supprimé.
15	Remises pour recouvrements	Fiches récapitves par bureau No 216 bis.
16	Consignations pour protêts.	Avis de consignation No 207 et état des recettes No 205 bis.

Suite du N· 206.

N°ˢ des Articles	NATURE DES RECETTES.	NATURE DES PIÈCES JUSTIFICATIVES.
17	Abonnements divers.	Décl. N⁰ 903 et ordre d'encaiss^t ou certificat des recettes N⁰ 21-323.
18	Caisse d'Épargne postale, premiers versements . . .	Certificat N⁰ 29.
19	Caisse d'Épargne postale, versements ultérieurs. . .	Id.
20	Remboursement par la Caisse d'Epargne postale.	Décl⁰ N⁰ 28 bis.
21	Fonds transférés.	Bull. d'enc^t N⁰ 37.
22	Recouvrements d'avances. .	Décl. N⁰ 903 et avis d'encaissement.
23	Fonds reçus des receveurs des finances.	Talons de récépissés.
24	Fonds reçus des receveurs des Postes.	Id.
25	Fonds reçus des receveurs des Douanes, de l'Enregistrement, des Contributions indirectes	Id.
26	Fonds reçus de l'agent comptable de la Caisse d'Epargne postale.	Talon de récépissé N⁰ 26 bis.

207. Nomenclature des pièces justificatives de dépense à vérifier.

N°ˢ des Articles	NATURE DES DÉPENSES.	NATURE DES PIÈCES JUSTIFICATIVES.
1	Dépenses afférentes au budget (exercice précédent. .	Mandats de dépenses publiques.
2	Dépenses afférentes au budget (exercice courant) . .	Mandats de dépenses publiques.

Suite du N° 207.

N°s des Articles	NATURE DES DÉPENSES.	NATURE DES PIÈCES JUSTIFICATIVES.
3	Articles d'argent payés (français)	Extrait des certificats N° 68.
4	Articles d'argent payés (internationaux)	Extrait des certificats N° 68.
5	Assurances en cas de décès.	Certifict de dépenses.
6	Fonds reçus par les Caisses d'Epargne privées.	Supprimé.
7	Remises sur recouvrements.	Etats 216 bis et fiches récapitulatives.
8	Remboursement des consignations pour protêts. . .	Bulletins de dépôt et états N° 206 bis.
t	Abonnements divers.	Ces dépenses sont constatées à Paris exclusivement.
10	Versements à la Caisse d'Épargne postale.	Décl. N° 26 du receveur principal.
11	Remboursement de la Caisse d'Epargne postale.	Certificat du Dr N° 30.
12	Remboursement de centimes transférés	Avis de transft N° 33.
13	Application à la Caisse d'Épargne postale des fonds transférés par les Caisses privées.	Talons d'avis de transfert N° 38 bis.
14	Frais de poursuites et d'instances	Etats de frais N° 162.
15	Frais d'exprès et d'affranchissemt de télégrammes.	Bordereau N° 297.
16	Paiements faits pour le compte de la Caisse d'Epargne postale	Ordres de paycment.
17	Débets pour déficits de caisse	Ordres du Directeur.
18	Versements aux receveurs des finances et autres. . .	Récépissés de verst.
19	Fonds remis aux receveurs des Postes	Récépissés N° 80 de fonds de subventn.
19	Fonds envoyés à l'agent comptable de la Caisse d'Epargne postale.	Récép. mensuel N° 28.

208. Expédition de la comptabilité départementale au Ministère des finances. — La vérification de la comptabilité départementale doit être complètement terminée le 12 ou 15 de chaque mois, dates fixées pour son envoi au Ministère des finances, suivant que le département appartient à la 1ʳᵉ ou à la 2ᵉ catégorie.

Cet envoi est fait en un seul paquet revêtu de l'étiquette bleue Nᵒ 41-837 et soumis à la formalité du chargement en franchise.

Le paquet est confectionné comme suit :

Les pièces de recette et de dépense avec leurs fiches sont réunies par exercice, chaque exercice doit former une liasse à part.

Sur ces liasses on place : 1ᵒ l'extrait des certificats de recette et de dépense ; 2ᵒ le bordereau Nᵒ 12 *bis* ; 3ᵒ enfin l'état récapitulatif Nᵒ 41-145. Ces derniers documents doivent être certifiés véritables et conformes aux écritures du receveur principal par le Directeur qui a fait procéder à leur vérification ou à leur établissement.

L'extrait du bordereau Nᵒ 12 *bis* est transmis à la même date, mais par lettre spéciale comme il est dit plus haut.

209. Renvoi au receveur principal du livre Nᵒ 12 et d'une expédition du bordereau Nᵒ 12 bis. — Lorsque la vérification est terminée, le Directeur renvoie au receveur principal le livre Nᵒ 12 qu'il a visé ainsi qu'une des expéditions du bordereau Nᵒ 12 *bis*.

La 3ᵉ expédition de ce bordereau, ainsi qu'une des expéditions de l'état récapitulatif Nᵒ 41-445 sont conservées dans les archives de la direction.

210. Accusé de crédit du Ministère à mentionner à la dernière page des bordereaux

Nᵒ 40-32. — A la fin du mois, du 25 au 28 généralement, le Directeur reçoit du Ministère des finances l'accusé de crédit se rapportant à la comptabilité du mois précédent. Cet accusé de crédit est donné sur l'état Nᵒ 41-445.

La 2ᵉ expédition de cet état, conservée à la Direction, est alors remplie conformément à l'accusé de crédit, certifiée par le Directeur, puis transmise au receveur-principal qui remplit alors, à la 4ᵉ page des bordereaux mensuels Nᵒ 40-32, l'accusé de crédit particulier à chaque comptable.

L'expédition des bordereaux Nᵒ 40-32 portant accusé de crédit est transmise aux receveurs par l'intermédiaire du Directeur qui doit la viser.

L'autre expédition est conservée dans les archives du receveur principal.

211. Vérification des comptes de gestion. — Les comptes de gestion ou de l'exercice clos dont il est question à l'art. 194 précédent doivent être vérifiés par le Directeur avant leur expédition au Ministère des finances.

Cette vérification s'opère en rapprochant les résultats de ces comptes de ceux consignés au dernier bordereau Nᵒ 12 *bis*.

Le Directeur est en outre chargé d'établir sur les comptes de gestion, d'après le livre Nᵒ 1091, la décomposition du produit net de la taxe des correspondances, ainsi que la décomposition du nombre et du montant des timbres-poste, cartes-postales et chiffres-taxes reçus du garde magasin d'après les inscriptions portées au registre Nᵒ 1069.

212. Régularisation des pièces justificatives

8

fournies par les receveurs-principaux à l'appui de leur comptabilité. — Les pièces irrégulières fournies par *les receveurs principaux* à l'appui de leurs comptes mensuels ou annuels sont renvoyées par *la Comptabilité publique* aux Directeurs chargés d'en faire opérer la régularisation.

Lorsque les rectifications prescrites ont été opérées, les Directeurs retournent les pièces communiquées au Ministère des finances en les accompagnant d'une lettre d'envoi explicative.

213. Notification et exécution des arrêts rendus par la Cour des Comptes. — La comptabilité des receveurs principaux, en leur qualité de justiciables directs de la Cour des Comptes, est soumise à la juridiction de cette cour.

Les arrêts rendus sur les comptes de gestion sont transmis par la Comptabilité publique aux Directeurs départementaux chargés de veiller à leur ponctuelle exécution.

Chaque directeur remet en conséquence au receveur principal l'arrêt qui le concerne ; ce dernier en délivre un récépissé que le chef de service adresse immédiatement à la Direction générale de la Comptabilité publique.

Les injonctions prononcées par arrêts de la Cour des Comptes doivent être exécutées dans le plus bref délai possible afin que les Directeurs puissent faire parvenir les justifications réclamées dans les deux mois, au plus tard, de la date de la notification.

§ III. Dispositions diverses se rattachant a la Comptabilité départementale.

214. Avis des recettes à notifier à la Comptabilité publique et au Ministère des Postes et

Télégraphes. — Le 16 de chaque mois, les receveurs doivent adresser au Directeur un avis des recettes effectives réalisées dans leur bureau pendant les 15 premiers jours du mois. Ces avis sont récapitulés à la Direction et résumés sur deux formules N° 21 dont une expédition est transmise à la Direction générale de la Comptabilité publique et l'autre au Ministère des Postes et Télégraphes, Direction de la Comptabilité, Bureau de la vérification des produits, le 17 du même mois au plus tard.

Le 3 de chaque mois, le Directeur doit adresser aux mêmes services, l'avis des recettes effectuées pendant tout le mois précédent. Les éléments de cet avis sont puisés sur les états de comptabilité mensuelle fournis par les receveurs et vérifiés sommairement.

215. Apurement des gestions des receveurs ordinaires. — Il appartient au Directeur de donner au receveur principal les ordres nécessaires pour faire arrêter la gestion des receveurs ordinaires, et permettre le remboursement de leur cautionnement *quatre mois* après leur sortie de fonctions.

Solde débiteur. — Si la gestion présente un reliquat, il y a lieu de prescrire au comptable sorti de fonctions le versement de ce reliquat dans la caisse du receveur principal qui le constate dans ses écritures, comme mouvement de fonds, au moyen d'une quittance à talon N° 813.

Solde créditeur. — Si, au contraire, la gestion présente un solde créditeur, le receveur principal reçoit l'ordre de rembourser l'avance à l'ayant-droit et s'en fait donner quittance sur une formule N° 480 également à talon.

Enfin, après avoir reconnu que la gestion du receveur sorti de fonctions est régulière en toutes ses parties, le Directeur remet au receveur principal, pour affirmer la régularité de cette gestion, une formule de *certificat de quitus* portant consentement au remboursement du cautionnement qui, après avoir été remplie, et visée par le Directeur, est transmise à la Direction générale de la Comptabilité publique avec une lettre d'envoi.

216. Inscription des débets des comptables sortis de fonctions. — Les Directeurs sont également chargés, sur l'ordre qu'ils reçoivent de la Comptabilité publique, de donner aux receveurs principaux les instructions nécessaires pour l'inscription des débets des comptables sortis de fonctions avec un déficit de caisse.

Dans ces conditions toutes les sommes qui pourraient être dues, à divers titres, aux comptables en débet sont portées en dépense par le receveur principal qui en verse le montant à la caisse du trésorier général au titre de :
« *Versement pour débets des comptables.* »

Le récépissé du Trésorier est joint à la comptabilité du receveur principal *et sert d'acquit* aux mandats de dépenses publiques délivrés au nom du comptable en cause. Une déclaration N° 903, en double expédition, est en outre établie par le receveur principal pour être transmise, par le Directeur du département, à la Comptabilité publique et au bureau de l'ordonnancement du Ministère des Postes et Télégraphes.

217. Procès-verbaux de situation de caisse au 31 décembre. — La Direction générale de Comptabilité publique transmet à la fin de chaque année, aux Directeurs chargés de les répartir, les formules nécessaires pour l'établissement de la situation de caisse au 31 décembre, après la clôture des opérations de l'année de tous les bureaux de poste et de télégraphe fusionnées ou non fusionnées.

Ces procès-verbaux de situation de caisse, signées par le maire de la localité, et revêtus du cachet de la mairie, sont envoyés à la direction le 1er janvier et sous bulletin 13. Ils doivent être rapprochés des bordereaux N° 40-32 du mois de décembre, et mis en concordance, au besoin par des rectifications motivées et signées du Directeur (1); ils sont ensuite réunis et adressés à la Comptabilité publique, avec les certificats annuels qui lui sont destinés, le 10 février au plus tard.

218. Relevé justificatif annuel des mouvements de fonds entre receveurs des Postes et Télégraphes de différents départements. — Dans le courant du mois de février de chaque année, chaque Directeur reçoit de la Comptabilité publique les états des mouvements de fonds, effectués pendant l'année précédente, entre les receveurs de son département et ceux des autres départements. Il doit justifier, au moyen des bordereaux N° 12 *bis* conservés à la direction, l'excédent des recettes ou des dépenses présenté par ces états en faisant ressortir le nom des départements, des bureaux, les N° et le montant des récépissés auxquels se rapportent ces mouvements de fonds.

219. Remboursement du Cautionnement des receveurs principaux. — Les receveurs principaux ne peuvent obtenir le remboursement qu'ils ont fourni comme garantie de leur gestion, et seulement dans la proportion des deux tiers, qu'après remise au Ministère du dernier compte de gestion reconnu exact et ne faisant ressortir aucun débet.

---

(1) Une mention signée du directeur et qui peut être ainsi conçue est placée en marge du bordereau lui même : « Rectifications après rapprochement avec le bordereau N° 40-32. »

Le Directeur,

8*

Le dernier tiers ne peut être remboursé qu'après l'arrêt de la Cour des Comptes qui prononce leur libération définitive.

220. Recouvrement des fonds de concours stipulés dans les conventions passées entre l'État et les communes ou entre l'État et les particuliers. — Les décomptes ou « Titres de perception » sont établis sur des formules *ad hoc* tantôt par les directeurs de l'exploitation, tantôt par les directeurs ingénieurs. Ils doivent être adressés au Ministère en triple expédition un mois avant l'époque fixée pour les payements ; ils sont mis en recouvrement par les Trésoriers généraux et les receveurs des finances qui reçoivent à cet effet des instructions spéciales de la Direction générale de la Comptabilité pratique.

Sont établis par le Directeur des postes et des télégraphes :

1° Les décomptes relatifs aux fonds de concours fournis par les communes pour contribution au loyer des bureaux télégraphiques ou des bureaux mixtes ;

2° Les décomptes relatifs aux subventions des communes ou des départements dans les frais du transport des dépêches par mer (de la Barre-de-Monts à l'île-d'Yeu, d'Auray à Belle-Ile, etc., par exemple) ;

3° Les décomptes des contributions communales aux traitements des receveurs ou facteurs-boîtiers municipaux ;

4° Les décomptes relatifs aux fonds versés pour sous-location des immeubles devenus sans affectation administrative depuis la fusion etc., etc. (¹)

(¹) Par exception ces décomptes ne sont établis qu'en double expédition.

Sont établis par les directeurs ingénieurs :

1° Les décomptes des fonds de concours votés pour l'établissement d'une ligne et d'un poste télégraphiques d'intérêt communal;

2° Les décomptes des fonds dus par les particuliers pour l'établissement d'une ligne d'intérêt privé.

221. Recouvrement des droits perçus par l'État pour usage d'une ligne télégraphique d'intérêt privé et pour abonnements divers du service télégraphique. — Indépendamment de la taxe de leurs dépêches télégraphiques et des frais d'établissement qui leur sont imposés, les concessionnaires d'un fil d'intérêt privé et même d'un simple fil de sonnerie faisant conmmuniquer deux bâtiments entre eux, sont tenus de payer à l'Etat un abonnement annuel fixé par l'acte de concession.

Cet abonnement est recouvré directement par les comptables de l'Administration, au moyen du titre de perception auquel doit être jointe une déclaration de versement N° 903.

Tous les autres abonnements au service télégraphique tels que pour les observations météorologiques, pour recevoir les télégrammes à une adresse conventionnelle etc. sont recouvrés de la même manière.

Ces opérations constituent les recettes diverses accidentelles du télégraphe qui forment l'article 8 du bordereau N°ˢ 40-32 et 6 du livre N° 12 et du bordereau N° 12 *bis*, ligne 13.

DEUXIÈME PARTIE

TRAVAUX GÉNÉRAUX DU SERVICE ADMINISTRATIF

CHAPITRE PREMIER

Contentieux.

§ I. — Suite a donner aux procès-verbaux
de contraventions diverses.

**222. Énumération des Lois et ordonnances
sanctionnant le monopole ou les droits de
l'Administration. — Procès-verbaux à rédiger
par les préposés.** — Les lois et ordonnances relatives aux contraventions en matière postale sont les
suivantes :

1° L'arrêté-loi du 27 prairial an ix qui défend, sous
peine d'une amende de 150 à 300 fr., l'immixtion dans le
service du transport et de la distribution des correspondances.

*Les infractions à cette loi, ainsi que toute perqui-
sition effectuée à son sujet, donnent lieu à l'établissement d'un procès-verbal N° 697, dressé en simple
expédition si la perquisition amène un résultat*

*négatif, et en double expédition lorsqu'il y a contra-
vention constatée.*

2° L'ORDONNANCE DU 17 NOVEMBRE 1811 ET LE DÉCRET
DU 23 AOUT 1848 relatifs à la fraude en matière de franchise et sanctionnant les droits de l'Administration par
l'application des mêmes peines que celles édictées par la
loi du 27 prairial an IX.

*Les contraventions en matière de franchise donnent
lieu à l'établissement d'un procès-verbal N° 958 en
double expédition.*

3° LA LOI DU 16 OCTOBRE 1849 qui punit d'une amende
de 50 à 1,000 fr. l'emploi sciemment fait, la vente ou la
tentative de vente de timbres-poste ayant déjà servi (¹).

*Les infractions à cette loi sont relevées au moyen
d'un procès-verbal N° 1078 en double expédition.*

4° LA LOI DU 23 JUIN 1855 ET L'ARRÊTÉ MINISTÉRIEL DU
6 JUILLET 1856 qui mentionnent l'application des peines
afférentes au transport illicite des correspondances, c'est-
à-dire une amende de 150 à 300 fr. pour toute contravention résultant de l'insertion, dans des objets affranchis
à prix réduits, de lettres ou notes tenant lieu de correspondance actuelle et personnelle.

*Les contraventions à la loi du 25 juin 1856 sont
relevées au moyen de procès-verbaux N° 697 bis
soumis à l'Administration avant enregistrement.*

5° LA LOI DU 4 JUIN 1859 qui défend, sous peine d'une
amende de 50 à 500 fr., 1° l'insertion, dans les objets de
correspondance, de matières d'or ou d'argent, de bijoux
ou autres objets précieux; 2° l'insertion de billets de
banque, bons, coupons et toutes valeurs payables au

---

(1) La contrefaçon des timbres-poste et la vente de faux timbres-
poste rentrent dans la catégorie des faux prévus et punis par l'art. 142
parag. 2 du code pénal.

porteur, dans des lettres non soumises à la formalité du chargement ou de la recommandation ; 3° l'insertion, dans des boîtes de valeurs déclarées, de monnaies françaises ou étrangères, de lettres ou notes manuscrites tenant lieu de correspondance. Cette dernière contravention est passible des peines édictées par l'arrêté du 27 prairial an IX *(Loi du 25 janvier 1873, art. 9).*

Les contraventions à la loi du 4 juin 1859 sont constatées au moyen de procès-verbaux N° 112 en double expédition.

223. Signalement des contraventions à l'arrêté du 27 prairial an IX. — Les procès verbaux N° 697, établis en vertu de la loi du 27 prairial an IX, sont rédigés au moment de la perquisition et remis, avec les pièces saisies, au receveur du bureau dans la circonscription duquel les contraventions ont été relevées, chargé de les faire parvenir, sous chargement en franchise et après enregistrement, au Directeur du département.

224. Signalement de la fraude en matière de franchise. — Tout paquet de service présumé contenir de la correspondance privée est préalablement taxé comme une lettre non affranchie du même poids et frappé du timbre *(Ordonnance du 17 novembre 1844).* Un avertissement N° 548 doit être adressé au fonctionnaire destinataire avec invitation de se rendre au bureau pour procéder à l'ouverture du paquet signalé. Si la contravention est établie, les pièces frauduleuses sont retenues pour être jointes au procès-verbal N° 958 qui est rédigé séance tenante, en double expédition, et signé tant par le receveur que par le fonctionnaire destinataire pour être ensuite soumis à l'enregistrement.

Si, au contraire, l'examen du paquet fait ressortir qu'il

n'y a pas de contravention, les pièces sont immédiatement remises, sans taxe, à l'intéressé; le receveur garde l'enveloppe au dos de laquelle il inscrit cette annotation : « *Ne contenait rien d'étranger au service de l'État* » et se dégrève du montant de la taxe en l'inscrivant sur son état N° 443 qu'il fait émarger par le fonctionnaire et auquel reste jointe la seule expédition du procès-verbal N° 958 négatif qui a été établie.

225. Signalement des contraventions à la loi du 16 octobre 1849. — L'objet affranchi au moyen de timbres-poste ayant déjà servi ou contrefaits est taxé comme une lettre non affranchie, avec cette mention : « *Taxé pour timbre ayant déjà servi* ». Il est ensuite inséré dans une enveloppe jaune N° 1198, portant l'adresse du bureau de destination et reproduisant celle de la lettre incluse ; la taxe et l'annotation sont répétées sur l'enveloppe N° 1198 qui, après avoir été scellée de deux cachets en cire, est soumise à la formalité du chargement en franchise.

Un avis N° 1197, mentionnant le délit, doit parvenir au Directeur du département.

226. Signalement des contraventions à la loi du 25 juin 1856. — Les contraventions à la loi du 25 juin 1856 sont signalées au moyen d'une étiquette N° 118, recouvrant l'objet qui contient la contravention et portant le nom du bureau destinataire.

Un avis N° 118 *bis* est détaché de l'étiquette N° 118 pour être transmis au Directeur du département dans lequel la contravention a été relevée, chargé de le faire parvenir, au besoin, à son collègue du département d'origine.

227. Signalement des contraventions à la

loi du 4 juin 1859. — Les lettres ou objets paraissant contenir des valeurs prohibées doivent porter sur la suscription, et à l'encre rouge, la mention suivante: « *Art. 13 de l'arrêté ministériel du 6 juillet 1859;* » ils sont ensuite insérés dans une enveloppe N° 1108 et soumis à la formalité du chargement en franchise. L'enveloppe N° 1108 reproduit l'adresse du destinataire et la mention ci-dessus « *art. 13, etc.* »

Un avis N° 110, signalant la contravention, est immédiatement transmis au directeur du département.

228. Enregistrement des procès-verbaux de contraventions diverses. États de frais N° 162. — Les procès-verbaux dressés par les agents des postes et télégraphes, pour contraventions aux lois et réglements qui régissent le service des postes, doivent être enregistrés dans les quatre jours de leur rédaction.

Toutefois, les procès-verbaux N° 697 *bis* ne sont pas présentés d'office à cette formalité ; ils doivent être préalablement soumis à l'examen du Ministère qui les renvoie revêtus du visa « *Bon à enregistrer* » ou « *Vu sans enregistrement* » suivant le cas.

Les procès-verbaux N° 1078, relevant des contraventions qui constituent un délit pénal que la justice a seule le droit de poursuivre, sont enregistrés en débet.

Les frais d'enregistrement et de timbre des autres procès-verbaux sont avancés par les receveurs qui en passent écriture au titre « *Avances à charge de régularisation* » et établissent en conséquence, pour chaque contravention, un état de frais N° 162 soumis au visa du directeur et transmis ensuite au receveur principal pour être annexé, en fin de mois, à la comptabilité du préposé qui a fait l'avance.

**229. Constatation du payement des doubles

taxes appliquées sur les objets parvenus en contravention et remis, sur leur demande, aux destinataires. — Déclaration de versement N° 903. Autorisation de recette. — Les objets saisis en contravention à la loi du 27 prairial an IX, à l'ordonnance du 17 novembre 1811 et à la loi du 25 juin 1856, peuvent être remis aux destinataires contre une déclaration par laquelle ils reconnaissent avoir reçu ces objets et s'engagent à les représenter à la première réquisition de l'administration. Ils doivent en outre acquitter entre les mains du receveur le montant de la double taxe appliquée, dans ce cas particulier, sur lesdits objets.

Cette recette est constatée au moyen d'une déclaration N° 903 qui est transmise avec le procès-verbal auquel elle se rapporte.

A cette déclaration, qu'il vise, le directeur ajoute une autorisation de recette mentionnant le motif de la double taxe et la contravention qui en est l'objet. Ces deux pièces sont ensuite transmises au receveur principal pour être mises, en fin de mois, à l'appui de la comptabilité du receveur qui a opéré la perception.

230. Examen et régularisation des procès-verbaux. — Les procès-verbaux d'infractions diverses doivent parvenir à la direction dûment rédigés, timbrés, enregistrés, signés et accompagnés des pièces et des justifications nécessaires.

Le premier soin est de contrôler la régularité de l'acquittement des frais de timbre et d'enregistrement sur l'état N° 162, et la mention de cette formalité sur les procès-verbaux.

En cas de fausse perception, le directeur communique, s'il y a lieu, le procès-verbal à son collègue de l'enre-

gistrement en le priant de faire réparer l'erreur commise;
il fait en même temps rectifier les écritures et l'état
N° 162 du receveur qui a fait l'avance.

En ce qui concerne les procès-verbaux d'infraction à
la loi du 4 juin 1859, le directeur ne doit leur donner
suite qu'après s'être assuré que cette infraction n'engage
nullement les agents du bureau d'où l'objet a été expédié.

**231. Transmission des procès-verbaux N°
697 et 958 à l'Administration.** — Les procès-verbaux N°⁸ 697 et 958, dressés pour transport frauduleux de
correspondance ou pour abus de franchise, sont transmis à l'administration, une fois enregistrés, par les directeurs avec leur avis sur la suite qu'il convient de donner à l'affaire.

L'avis du directeur est donné sur la formule verte
N° 1186, dans laquelle sont insérées les deux expéditions
du procès-verbal avec les pièces saisies ou la déclaration en tenant lieu.

**232. Transmission à l'administration des
procès-verbaux N° 697 bis dressés dans le département où se trouve le lieu d'origine de
la contravention.** — Les procès-verbaux N° 697 *bis*,
relatifs aux contraventions résultant de l'insertion de
notes manuscrites dans les objets affranchis à prix réduits,
sont transmis au Ministère directement, en double expédition *et non encore enregistrés*, lorsque le contrevenant habite une localité située dans le département où
le procès-verbal a été dressé.

Le dossier de chaque affaire se compose en conséquence des deux expéditions du procès-verbal, de l'étiquette N° 118 et de l'avis N° 118 bis, des pièces saisies,
ou, le cas échéant, de la déclaration écrite qui les rem-

place ; le tout est placé dans une formule N° 1186 sur laquelle le directeur fournit ses observations et son avis.

Le Ministère renvoie ensuite au directeur une des expéditions du procès-verbal pour être, s'il y a lieu, enregistrée et timbrée ; à cette expédition est jointe la lettre de notification de la transaction à intervenir. Lorsque l'administration juge qu'il n'y a pas contravention, elle renvoi le dossier au directeur après avoir appliqué, sur la formule N° 1186, le timbre « *vu sans enregistrement.* »

233. Transmission des procès-verbaux N° 697 bis dressés dans un département autre que le département d'origine de la contravention. — Le directeur du département dans lequel le procès-verbal a été dressé prépare le dossier comme il est dit ci-dessus, mais, au lieu de le transmettre directement au Ministère, il doit l'envoyer à son collègue du département où la contravention a été commise. Celui-ci complète le dossier en y joignant l'avis N° 118 *bis* et les réclamations ou renseignements qui lui sont parvenues au sujet de l'affaire et le transmet ensuite au Ministère avec son avis.

L'expédition du procès-verbal à faire timbrer et enregistrer, s'il y a lieu, est renvoyée, par le Ministère, avec la lettre d'autorisation de transaction, au directeur du département d'origine chargé d'effectuer, le cas échéant, la transaction proposée.

234. Classement des avis N°⁸ 110, 1197 et 118 bis et réclamation des procès-verbaux non parvenus. — Les avis N° 110 ou N° 1197 du chargement d'office d'un objet de correspondance expédié en contravention, et les avis N° 118 *bis* signalant les infractions à la loi du 25 juin 1856, sont classés en instance à la direction, et dans des chemises spéciales, jusqu'à l'arrivée des procès-verbaux qu'ils annoncent ;

ou bien, sont transmis au directeur du département d'origine lorsque la constatation de l'infraction ou du délit a eu lieu dans le cours de la transmission de l'objet signalé.

Dans tous les cas, les procès-verbaux se rapportant à ces avis doivent être réclamés lorsqu'ils ne sont pas parvenus huit jours après la réception desdits avis.

235 Livre d'ordre des affaires contentieuses N° 159. — Dans chaque direction il est tenu un livre d'ordre N° 159 des affaires contentieuses nées ou à suivre dans le département.

Tous les procès-verbaux y sont inscrits, au fur et à mesure de leur réception, sous un numéro d'ordre et un numéro de série.

Les numéros d'enregistrement au livre N° 159 sont reportés sur les procès-verbaux enregistrés, au-dessus de l'empreinte du timbre à date de la direction.

L'enregistrement au livre d'ordre est divisé en 3 séries qui comprennent :

La première, les affaires nées dans le département et à suivre dans un autre département ;

La deuxième, les affaires nées et à suivre dans le département ;

La troisième, les affaires venant d'autres départements et à suivre dans le département.

Le livre d'ordre N° 159 mentionne au surplus tous les renseignements relatifs à chaque affaire qui prend le nom du contrevenant.

236. Transactions sur procès-verbaux de contraventions. — La loi confère à l'Administration le droit de transiger sur les procès-verbaux autres que ceux établis pour usage de timbres-poste frauduleux, délit qui emporte le caractère pénal et est poursuivi à la requête du Ministère public.

Le Directeur départemental propose lui-même, sans autorisation préalable de l'Administration, la transaction à intervenir sur procès-verbaux N° 112, lorsque la valeur des objets expédiés en contravention n'atteint pas 100 fr. et que l'affaire ne constitue pas, toutefois, un acte de récidive.

Lorsque la valeur atteint ou dépasse 100 fr., ou que le délinquant est récidiviste, l'Administration seule a le droit de statuer.

L'Administration a seule qualité aussi pour fixer le montant des transactions à intervenir sur procès-verbaux N°ˢ 697, 697 *bis* et 958, et, après examen des affaires qui lui sont soumises, elle notifie sa décision aux directeurs chargés d'en poursuivre l'exécution.

237. Propositions de transaction. — Les propositions de transaction, qu'elles émanent de l'Administration ou du chef du servire, sont notifiées aux contrevenants sur une formule N° 1192 dont la première partie doit rester entre les mains du receveur chargé d'opérer le recouvrement et qui lui sert d'instructions.

Le Directeur adresse en même temps, au receveur, une copie du procès-verbal à communiquer à l'intéressé, sur sa demande.

Si, dans les quatre jours, la transaction n'a pas été effectuée ou a été refusée, l'affaire est renvoyée au Directeur qui la transmet au Ministère et attend ses instructions pour les poursuites à exercer ultérieurement, s'il y a lieu.

238. Cas d'indigence des contrevenants. — Dans le cas où un contrevenant est dans l'impossibilité de payer, il doit justifier de son état d'indigence par un certificat, sur papier libre, émanant du maire de la commune où il réside et légalisé par le sous-préfet de l'arrondissement (¹).

Ce certificat est annexé, le cas échéant, au dossier de l'affaire que le Directeur transmet à l'Administration avec son avis motivé.

239. Tarif du montant des transactions, proposées directement par les chefs de service, sur procès-verbaux N° 112. — Les propositions de transaction faites, sur procès-verbaux N° 112, par les directeurs, sans l'intervention de l'Administration, sont basées d'après un tarif ainsi fixé :

Valeur de 10 fr. et au-dessous : Remboursement des frais de timbre et d'enregistrement avancés;

Valeur au-dessus de 10 fr. et jusqu'à 25 fr. inclusivement : Remboursement des frais avancés, plus trois francs.

Valeur au dessus de 25 fr. et jusqu'à 100 fr. exclusivement : Remboursement des frais avancés, plus six francs.

240. Recouvrement des transactions. — Lorsqu'une transaction a été acceptée et que le recouvrement a été opéré, le Directeur s'assure de l'exactitude de ce recouvrement par l'examen des déclarations N° 903 établies par le receveur qui l'a effectué.

Il doit être établi une déclaration N° 903 pour le montant de la transaction, et une pour le remboursement des avances. Le montant de la transaction est inscrit à l'art. 4, et le remboursement des avances à l'art. 21 *ter* du sommier 7-11 et du bordereau N° 40-32 (*recette*).

Le Directeur, après avoir visé les déclarations N° 903, les adresse, avec l'ordre de recouvrement, au receveur

---

(1) Dans les villes d'une certaine importance, un certificat délivré par le commissaire de police du quartier remplit le même but,

principal chargé de les rattacher, en fin de mois, à la comptabilité du receveur qui les a produites.

En même temps, la copie du procès-verbal est renvoyée à l'Administration, avec mention, à l'encre rouge, du résultat de l'affaire.

241. Suite à donner aux procès-verbaux N° 1078. — Les procès-verbaux N° 1078, relatifs à la fraude en matière de timbres-poste, sont réunis à l'avis N° 1197 qui a signalé le délit et qui est établi de manière à former dossier et à recevoir l'indication de la suite donnée à l'affaire.

Si le contrevenant habite hors du département, le Directeur transmet le dossier à son collègue du département où réside ce contrevenant.

Le Directeur chargé de l'affaire en saisit la justice dans un délai de 10 jours, sans l'intervention de l'Administration ; il adresse en conséquence le procès-verbal original, visé pour timbre, enregistré en débet et accompagné de la pièce à conviction, au Procureur de la République du ressort du délinquant ; cet envoi est accompagné d'une lettre spéciale N° 113.

Il n'y a pas lieu de saisir la justice lorsque l'examen du timbre incriminé prouve surabondamment qu'il a été signalé à tort et qu'aucune fraude ne peut être établie. Dans ce cas le dossier de l'affaire est simplement transmis à l'Administration.

Si le délit est relevé à la charge d'un militaire sous les drapeaux, l'affaire est transmise au Ministère qui en saisit directement l'autorité militaire.

Si l'objet signalé est à destination de l'étranger, ou si, pour une cause quelconque, le délinquant ne peut être désigné sur le procès-verbal, cet acte n'en est pas moins transmis au Procureur de la République avec la pièce à conviction.

242. État mensuel Nº 248. — Le 10 de chaque mois, le Directeur doit résumer, sur un état Nº 248 : 1º le nombre des contraventions de toute nature signalées; 2º le nombre et le montant des transactions intervenues ; 3º le nombre de procès-verbaux négatifs dressés et d'avis Nº 110 reçus pendant le mois précédent, dans le département.

Cet état est établi au moyen du livre d'ordre Nº 159 et des pièces existant à la Direction dans le dossier du Contentieux.

§ II. — Suite judiciaire donnée aux affaires
contentieuses.

243. — Intervention des Directeurs dans les affaires contentieuses suivies judiciairement. — Les Directeurs sont chargés, par des instructions du Ministère, spéciales à chaque affaire, de déférer à la justice les procès-verbaux de contraventions qui doivent recevoir une suite judiciaire à la requête de l'Administration, et de suivre auprès des tribunaux les affaires qui intéressent l'Administration ou ses agents.

Les pièces relatives à ces affaires sont aussitôt transmises au Procureur de la République, avec lettre explicative l'invitant à vouloir bien tenir le Directeur au courant des incidents qui pouraient se produire au cours des débats et à lui faire connaître, en temps opportun, la solution intervenue.

Les Directeurs ne sont tenus d'assister aux débats que lorsqu'ils en ont reçu l'invitation expresse du Ministère.

244. Avances pour frais de justice. — Les frais de justice relatifs aux affaires contentieuses poursuivies au nom de l'Administration sont avancés par elle, et c'est à elle seule également qu'appartient le recouvrement de ces frais et des amendes encourues.

Les frais de procédure sont avancés, au comptant, par le receveur des postes et télégraphes de la ville siége du tribunal où l'affaire se poursuit, lequel s'en fait donner des reçus en règle qui sont joints aux états de frais N° 102 établis, à la fin de l'affaire, pour justifier ces avances. Les états sont visés par le Directeur pour être annexés, en fin de mois, à la comptabilité du receveur qui les a produits.

245. Avis à donner au Ministère de la teneur des jugements intervenus. — Aussitôt qu'il a reçu avis d'un jugement intervenu dans une affaire suivie au nom de l'Administration, le Directeur la prévient du résultat sans attendre l'extrait du jugement. Il charge, en outre, le receveur de se faire délivrer cet extrait qui est ensuite transmis au Ministère avec un rapport sur les circonstances particulières qui ont pu se produire dans les débats.

Si le jugement contient des considérants d'un intérêt nouveau pouvant apporter des modifications dans la jurisprudence suivie jusqu'alors, le Directeur en fait délivrer une copie, au lieu d'un simple extrait, et la transmet à l'Administration.

Les jugements ne peuvent être signifiés sans un ordre formel du Ministère.

246. Affaires contentieuses en appel. — Lorsqu'il survient un appel sur un jugement en première instance, le Directeur en informe aussitôt l'Administration en lui indiquant la cour qui sera appelée à statuer.

Les dispositions indiquées pour la procédure suivie devant le tribunal civil sont entièrement applicables aux procédures en appel.

Lorsque la cour d'appel n'est pas située dans le département où l'affaire a été primitivement jugée, le Directeur adresse le dossier de l'affaire à son collègue du département où siège cette cour avec toutes les explications nécessaires.

247. Recouvrement des frais de procédure et des amendes prononcées au profit de l'Administration. — Le recouvrement des amendes prononcées au profit de l'Administration, ainsi que le remboursement des frais de procédure avancés par les receveurs, ne doivent être effectués que sur un ordre adressé, par le Ministère, au Directeur qui donne, à son tour, les instructions nécessaires au receveur chargé du recouvrement.

Si le recouvrement avait à tort été effectué par l'administration des domaines, le Directeur devrait en poursuivre le redressement auprès de son collègue de l'enregistrement en s'appuyant sur la circulaire du Ministre de la justice, du 3 octobre 1842, qui a déterminé ces principes, maintenus par les dispositions législatives actuelles.

248. Causes diverses qui s'opposent au recouvrement d'amendes et d'avances de frais. — Il ne peut être recouru aux voies judiciaires pour le recouvrement d'amendes ou pour le remboursement des frais, en matière contentieuse, sans une autorisation expresse du Ministère.

Lorsqu'il y a refus de payement, le Directeur en rend compte à l'Administration en lui donnant tous les renseignements à ce sujet, et, le cas échéant, en lui transmettant le certificat d'indigence du condamné, si le refus est basé sur ce motif.

L'Administration a le droit d'accorder une réduction d'amende; mais, en aucun cas, il ne peut être fait remise ni réduction des frais judiciaires.

§ III. — Dispositions diverses se rattachant au
CONTENTIEUX.

**249. Classement et délai de conservation
des dossiers de contentieux.** — Les procès-verbaux négatifs et les dossiers relatifs aux affaires contentieuses suivies dans une direction sont classés, par nature d'affaires, dans l'ordre chronologique de leur rédaction ou de leur formation.

Ils sont livrés à l'administration des domaines pour
être détruits, savoir :

1° Les procès-verbaux Nos 607 et 112 négatifs, ainsi que
les pièces qui s'y rapportent, 6 mois après leur rédaction.

2° Les dossiers d'affaires de contraventions diverses,
suivies par transaction ou voie judiciaire, un an après
la solution des affaires qu'ils concernent.

Les dossiers des contraventions et des autres affaires
contentieuses qui présentent un intérêt spécial peuvent
être conservés indéfiniment pour être consultés au besoin.

**250. Remise à la justice des lettres chargées
ou recommandées refusées par présomption
de vol.** — Lorsqu'un pli chargé ou recommandé parvient au Directeur avec une déclaration de refus du destinataire basée sur une présomption de vol ou d'altération,
il en saisit immédiatement le Procureur de la République
en lui remettant le chargement, la déclaration et tous les
renseignements de nature à faciliter l'examen ou l'instruction de l'affaire. L'Administration est aussitôt
informée de l'incident par un rapport spécial.

**251. Relevés des droits de poste perçus à
l'occasion des affaires criminelles et correctionnelles.** — Tous les trois mois, le Directeur reçoit

du Préfet un mandat, délivré au nom du receveur principal des Postes et accompagné du relevé des droits perçus,
par les receveurs des finances du département, à l'occasion des affaires criminelles et correctionnelles.

*Comme l'envoi de ce mandat est souvent retardé,
par suite de l'obligation où se trouve le Préfet de demander au Ministère le crédit correspondant, il est
d'usage, dans certains départements, de se faire remettre par la trésorerie générale, à l'expiration de
chaque trimestre, une copie du relevé qui accompa-
gnera plus tard le mandat. Nous ne pouvons que
conseiller la mise en pratique de ce mode de procéder qui, s'il n'est pas prescrit par les règlements, a
du moins l'avantage de permettre de n'apporter aucun retard dans l'envoi au Ministère du relevé des
billets en conciliation et des droits perçus dont il est
question à l'article ci-après.*

A la même époque, le directeur reçoit directement de
ses collègues des douanes, de l'enregistrement ou des
contributions indirectes, les relevés, par nature d'affaires,
du montant des mêmes droits recouvrés par ces administrations à la suite des affaires suivies à leur requête
(Loi du 5 Mai 1855, article 18).

Le mandat et les relevés sont transmis au receveur
principal, ou aux receveurs placés aux chefs-lieux d'arrondissement, chargés d'en recouvrer le montant à la
caisse du trésorier général, des receveurs des douanes,
de l'enregistrement ou des contributions indirectes, suivant le cas.

Un relevé récapitulatif, fourni également au Directeur,
sert à contrôler les recettes effectuées à ce titre par le
receveur principal et les receveurs ordinaires.

252. Notification trimestrielle du montant des droits de poste perçus comme frais de jus-

tice et du nombre des billets d'avertissement en conciliation. — Dans les premiers jours du mois qui suit l'expiration de chaque trimestre, le Directeur fait connaître au Ministère, pour le trimestre précédent, le montant des droits de poste revenant à l'administration en vertu de la loi du 5 mai 1875, et le nombre des billets d'avertissement en conciliation expédiés, pendant la même période, par les juges de paix de son département.

Ces deux renseignements, *destinés au bureau de la vérification des produits,* peuvent être fournis sur une même note dressée à la main.

253. Relevé mensuel du nombre des avertissements en conciliation à fournir aux procureurs de la République. — Il est tenu note jour par jour, dans tous les établissements de poste siéges de justice de paix, du nombre des avertissements en conciliation déposés. Le 2 de chaque mois les receveurs résument, sur un état établi à la main, le nombre des avertissements déposés pendant le mois précédent et transmettent ces résultats à la direction qui les résume, à son tour, par arrondissement et par justice de paix, sur des formules Nᵒ 1196 qui sont transmises aux procureurs de la République le 5 de chaque mois.

254. Contentieux télégraphique. — Toutes les questions se rattachant au contentieux du télégraphe sont traitées directement par les divers bureaux du Ministère auxquels ressortissent les affaires litigieuses.

En ce qui concerne les *abus de franchise télégraphique,* les directeurs doivent transmettre tous les mardis, lorsqu'il y a lieu, *au 3ᵉ bureau de la Direction des Correspondances postales,* les originaux des dépêches officielles abusives, accompagnés d'un état dressé à la main.

CHAPITRE II

Réclamations, Surveillance, Statistique.

———

§ I. Réclamations.

255. Réclamations N° 133. — Toute réclamation
d'un objet de correspondance signalé comme non parvenu
doit être transcrite, par l'agent qui la reçoit, sur une formule N° 133 qui est adressée directement au bureau de
destination, si la réclamation s'est produite au bureau
d'origine; et directement au bureau des rebuts et réclamations, si elle s'est produite au bureau destinataire.

Une réclamation formée dans un bureau autre que
celui d'expédition ou de destination doit être transmise
directement à ce dernier.

Si la réclamation est adressée au Directeur chef de
service, ce dernier la notifie immédiatement au receveur
du bureau intéressé pour qu'il y soit donné suite dans la
forme ordinaire. Dans ce cas le réclamant reçoit un avis
l'informant que des recherches vont être effectuées et que
le résultat lui en sera notifié ultérieurement par le Directeur lui-même.

**256. Avis N° 133 ter pour les objets de
valeur.** — Le préposé auquel parvient une réclamation
concernant la disparition d'un échantillon, ou d'une lettre

contenant des valeurs, doit en donner connaissance au Directeur, au moyen de l'avis N° 133 *ter* portant la designation de l'objet, les noms et adresses de l'expéditeur et du destinataire, la date du dépôt et celle de l'expédition, l'indication de la dépêche dans laquelle l'objet recherché a dû être expédié ou parvenir, enfin les noms des agents et sous-agents qui composaient le service au moment de l'expédition ou de la réception dudit objet.

A la réception de l'avis N° 133 *ter*, le Directeur fait relever les noms des agents engagés dans la réclamation, si les renseignements déjà recueillis le lui permettent ; autrement il attend la communication du dossier de l'affaire qui lui est faite ultérieurement par l'Administration, lorsque les recherches sont complétement terminées.

257. Enquêtes à l'occasion d'objets de valeur ou échantillons non parvenus. — Lorsqu'un objet de valeur (ÉCHANTILLON OU LETTRE) a été réclamé comme non parvenu et que les recherches n'ont amené qu'un résultat négatif, le Ministère communique le dossier de l'affaire au Directeur du département d'origine avec une formule N° 271 *ter*. Ce dernier procède, s'il y a lieu, à une enquête au sujet de laquelle les agents engagés ne sont pas questionnés ; mais, dans tous les cas, il se fait donner leurs noms avec l'appréciation de leur chef immédiat sur la confiance qu'ils inspirent.

Le dossier est ensuite envoyé au chef du service sur lequel l'objet réclamé a dû être expédié, et ainsi de suite jusqu'au service de destination. C'est le directeur de ce service qui retourne au Ministère le dossier complet mentionnant les résultats des enquêtes successivement effectuées.

258. Registre N° 208 des enquêtes. — Dans

chaque direction il est tenu un registre N° 208 des enquêtes pour perte d'objets de valeur. Ce registre est divisé en deux parties distinctes; la première sert à enregistrer, au moyen des avis N° 133 *ter* et avec toutes les indications qu'ils comportent, les réclamations qui se produisent dans le service; chaque inscription reçoit un numéro d'ordre dont la série recommence chaque année. La deuxième partie est le compte individuel ouvert aux agents et sous-agents impliqués dans les réclamations.

L'examen de ces comptes individuels permet au directeur de s'assurer si tel ou tel agent, ou sous-agent, se trouve plus souvent engagé que ses collègues du même service dans les enquêtes de l'espèce.

La deuxième partie du registre N° 208 doit être terminée par une table alphabétique des noms des agents qui s'y trouvent inscrits, avec indication du numéro de a page où le compte de chacun d'eux est établi.

Lorsqu'un agent change de circonscription ou de service, la feuille de personnel N° 355 qui le concerne, et qui est transmise avec son dossier au nouveau chef de service, reçoit l'extrait de son compte ouvert au registre N° 208.

258. Réclamations concernant le service télégraphique. — Les réclamations qui se produisent dans, le service télégraphique, soit pour altération du texte des dépêches, sens dénaturé, omission de transmission ou retard dans la transmission, etc., sont également suivies par voie d'enquêtes transmises, successivement entre eux, avec explications, conclusions et pièces à l'appui, par les directeurs des services intéressés, en commençant par le service d'origine ou celui plus spécialement impliqué.

§ II. Surveillance du service.

259. Examen de l'encaisse des Comptables. — Sauf le cas de réserves justifiées, dont le motif est nettement indiqué à la quatrième page des bordereaux N° 10-32, les receveurs des bureaux dont le montant des mandats payés, pendant l'année précédente, a été inférieur à 33,000 fr., ne doivent pas conserver plus de 300 fr. en caisse au moment du dernier versement du mois.

Pour tous les autres bureaux, ceux de Paris exceptés, cette réserve est égale au montant des articles d'argent payés, en moyenne, pendant trois jours, soit 1/120 du total des payements effectués pendant l'année précédente.

Le Directeur s'assure que les dispositions ci-dessus sont rigoureusement observées en comparant, le 2 de chaque mois, l'excédant de chaque bureau, en numéraire, avec les résultats inscrits au registre N° 717 de l'année précédente.

Afin de faciliter ce contrôle il est bon d'établir, d'après les totaux généraux des dépenses inscrites, pour chaque bureau, au reg. N° 717, un état ou tableau qui peut servir pendant toute l'année.

260. Examen des procès-verbaux d'irrégularités dressés dans le Service postal. — Transmission et enregistrement de ces procès-verbaux. — Les procès-verbaux d'irrégularités diverses sont envoyés, le jour même de leur rédaction, au Directeur du département, par les préposés qui les ont établis (*sauf les exceptions prévues à l'article ci-après en ce qui concerne les absences de chargements ou paquet de chargements et le manque de feuilles d'avis.*)

Après avoir été examinés avec soin, les procès-verbaux sont transmis par le Directeur, lorsqu'il y a lieu, à ses collègues des services dont relèvent les agents responsables; ils sont, au préalable, inscrits sur le compte ouvert à chaque bureau à la première partie du registre N° 43 (*Irrégularités relevées à la charge des bureaux correspondants*).

La première partie du livre N° 43 sert aussi à l'enregistrement des relevés N° 352 au moyen desquels les receveurs des bureaux simples font connaître, le 10 de chaque mois, le résultat du contrôle qu'ils ont exercé, pendant le mois précédent, sur les dépêches de leurs correspondants, au point de vue des erreurs de tri, de taxe et de compte (¹) et des omissions de timbre à date.

261. Désignation des diverses formules en usage pour la rédaction des procès-verbaux d'irrégularités postales. — Les procès-verbaux sont dressés, suivant la nature des irrégularités relevées, sur les formules dont la désignation suit :

Sur formules N° 1017, lorsqu'il s'agit de la confection défectueuse des paquets de chargements ou d'irrégularités que présentent isolément les chargements ou objets recommandés.

Les procès-verbaux N° 1017 doivent être établis, *pour chaque paquet ou chaque objet irrégulier*, en autant d'expéditions qu'il y a de service responsables; toutes ces expéditions sont envoyées au directeur du département où elles ont été dressées, lequel les transmet après examen, à ses collègues.

Sur formules N° 1052, lorsque les irrégularités se rapportent à l'omission d'annulation de timbres-poste, ainsi qu'aux annulations incomplètes. Il n'est dressé,

---

(1) Les erreurs de taxe et de compte n'auront plus lieu d'être signalées, entre bureaux correspondants, lorsque les dispositions de l'Instruction N° 288, de mars 1883, seront appliquées.

pour chaque erreur, qu'une expédition transmise par l'intermédiaire du directeur du département auquel appartient l'agent qui a établi le procès-verbal.

Sur formules N° 852, pour constater l'absence de la feuille d'avis dans une dépêche. Lorsque le bureau en cause est situé dans le département, il n'est établi qu'une expédition du procès-verbal N° 852 et ce bureau est immédiatement averti du fait. Lorsque, au contraire, le bureau en cause appartient à un autre département, le procès-verbal est dressé en deux expéditions dont l'une est transmise directement au chef de service de ce département.

Sur formules N° 901, pour constater l'absence d'un paquet de chargements signalé sur la feuille d'avis par l'application du timbre « *chargé* » ou l'absence d'un chargement ou objet recommandé inscrit sur la feuille d'expédition N° 103.

Les procès-verbaux N° 901 sont dressées en trois expéditions, *envoyées immédiatement et sous pli chargé,* 1° au directeur du département où le fait a été constaté; 2° au directeur du département auquel appartient le bureau impliqué; 3° au receveur ou chef de brigade de ce dernier bureau.

Enfin, les erreurs de tri, de taxe et de compte (¹), ainsi que celles pour lesquelles il n'a pas été établi de formules imprimées spéciales, sont relevées sur *des procès-verbaux N° 776.*

262. Suite à donner aux procès-verbaux d'irrégularités diverses. Communication aux agents en cause. Enregistrement au livre N° 45. — Il est donné immédiatement suite aux procès-

---

(1) Voir le renvoi n° 1 à la page précédente.

verbaux d'irrégularités de toute nature qui parviennent au Directeur soit directement, soit par l'intermédiaire de ses collègues.

Ces procès-verbaux sont communiqués aux agents présumés responsables pour y consigner leurs explications ou justifications, et, avant cette communication, ils sont inscrits sur un répertoire N° 121 *bis*, spécialement affecté à cet usage, afin que leur rentrée puisse être constatée.

Lorsque les irrégularités relevées par les procès-verbaux ont été confirmées, elles sont portées au compte ouvert au nom de l'agent responsable sur la deuxième partie du registre N° 45 dont il a été question ci-dessus. C'est en consultant la deuxième partie du livre N° 45, qui mentionne également les erreurs de tri, de taxe et de compte (¹), que le Directeur peut reconnaître le degré de pénalité qu'il y a lieu d'infliger aux agents fautifs.

Les avertissements encourus par ces agents sont mentionnés également au registre N° 45.

En cas de changement de résidence d'un agent, sa feuille de personnel N° 355 reçoit l'extrait du registre N° 45, en ce qui le concerne.

263. Dispositions spéciales aux procès-verbaux N^cs 852 et 904. — Dans la demande de justifications faite à l'occasion des procès-verbaux de manque de feuilles d'avis, N° 852, la question de savoir si la dépêche devait renfermer des chargements ou objets recommandés doit toujours être posée. Dans l'affirmative, le receveur fait connaître le détail de ces objets; le Directeur donne, sans retard, connaissance du fait à l'Administration et procède, d'office, à une enquête sur le sort

---

(1) Voir la note page 179.

des chargements disparus au moyen de la formule N° 419 qu'il transmet ensuite au Ministère avec ses conclusions.

Il est procédé de la même façon en ce qui concerne les procès-verbaux N° 904 signalant l'absence de chargements ou de paquet de chargements, lorsqu'ils n'ont pas été immédiatement retrouvés.

Le Directeur peut, dans ces deux cas, ordonner une enquête sur place s'il le juge nécessaire.

264. Procès-verbaux de manque de dépêches N° 1125, de rentrée de dépêches manquantes N° 1125 bis. Relevé hebdomadaire à fournir à l'Inspection générale du contrôle. — Les procès-verbaux de manque de dépêches s'établissent, sur formule N° 1125, en autant d'expéditions qu'il y a de bureaux impliqués ; ces procès-verbaux sont transmis, sous des enveloppes N° 1125 *ter* mentionnées sur les feuilles d'avis, aux directeurs des services d'origine, de passage et de destination.

Les absences de dépêches donnent lieu à une double information : sur leur sort, d'abord, et, ensuite, sur la responsabilité des agents ou courriers engagés.

Les procès-verbaux de rentrée de dépêches manquantes sont établis sur formule 1125 *bis* et transmis, également sous enveloppes N° 1125 *ter*, aux directeurs des services intéressés.

Avant de procéder aux informations sur le sort d'une dépêche signalée manquante, il y a lieu d'attendre 48 heures ; passé ce délai l'information est établie et avis en est donné au Ministère (*direction des correspondances postales*). Lorsque des dépêches manquantes contiennent des chargements, le *bureau des rebuts et réclamations* doit être informé des noms des expéditeurs et des destinataires de ces chargements.

Lorsque les dépêches signalées absentes sont retrouvées, avis en est également donné aux mêmes bureaux.

Les retards signalés, par procès-verbaux Nᵒˢ 1125 et 1125 *bis*, dans la réception des dépêches, ainsi que tout incident notable dans le service, sont consignés, le samedi de chaque semaine, avec indication des services fautifs, sur un rapport hebdomadaire (mod. 'F') qui est transmis par le directeur à l'inspection générale du contrôle.

265. Suite à donner aux relevés Nᵒ 397 concernant les fausses directions de journaux imputables à l'éditeur. — Les erreurs de tri, relevées à la charge des éditeurs autorisés à déposer leurs journaux en dernière limite d'heure, sont relevées par les bureaux sur des formules Nᵒ 397 transmises au Directeur, en double expédition. Le Directeur s'assure que ces relevés sont bien établis, il en conserve une expédition dans les archives de la direction et transmet l'autre à l'éditeur, afin qu'il puisse surveiller l'expédition de son journal et réparer le faux classement signalé.

Pour les journaux de Paris, les relevés Nᵒ 397 sont transmis au Directeur des bureaux ambulants de la ligne par laquelle parviennent ces journaux.

266. Inscription au livre Nᵒ 45 des relevés Nᵒ 352 bis et 459 bis des erreurs. — Les relevés Nᵒ 352 *bis* établis par les receveurs et transmis à la direction le 10 de chaque mois mentionnent, avec les procès-verbaux Nᵒ 776 à l'appui, les erreurs de tri, de taxe et de compte (¹) relevées à leur charge par les bureaux correspondants pendant le mois précédent. Après vérification de ces états, leurs résultats sont inscrits au compte de chaque bureau, à la deuxième partie du registre Nᵒ 45.

(¹) Voir le renvoi à la page 179.

Outre les relevés N° 352 *bis*, les bureaux composés établissent, tous les trimestres et en double expédition, un état N° 450 *bis* présentant, commis par commis, le détail des erreurs relevées à leur charge et la moyenne afférente au nombre de ces erreurs par rapport à l'importance du travail de départ exécuté par chacun d'eux. Les résultats des relevés N° 450 *bis* sont consignés, au compte spécial ouvert à chaque agent, sur le registre N° 45, 2° partie.

Une expédition est conservée à la direction, au dossier du bureau qu'elle concerne ou dans une chemise spéciale; l'autre est renvoyée au receveur avec les observations du Directeur.

Les receveurs des bureaux simples, seulement, transmettent, avec le relevé N° 352 bis, un autre relevé N° 352 mentionnant les erreurs de tri, de taxe et de compte (¹) signalées, pendant le mois, à la charge de leurs correspondants.

Les résultats de ces relevés sont inscrits, à la 1°° partie du registre N° 45, au compte de chaque bureau.

267. Relevé annuèl des erreurs N° 209. — Dans le courant du mois de février de chaque année, il est établi dans chaque direction, sur une formule N° 209, un relevé général, par nature, du nombre des erreurs commises pendant l'année écoulée, avec report des résultats des deux années précédentes. Les bureaux sont inscrits sur l'état N° 209 par ordre de mérite. Une expédition de cet état est transmise à l'Administration; l'autre est conservée dans les archives de la direction pour être consultée en toute occasion et, spécialement, pour servir d'élément de contrôle aux agents vérificateurs.

---

(1) Voir le renvoi à la page 179.

268. Relevés N° 85 des retards des courriers d'entreprise. — Les parts des courriers d'entreprise sont transmis par les préposés au Directeur, accompagnés, s'il y a lieu, d'un relevé N° 85 mentionnant les retards dans l'arrivée de ces courriers aux différents points qu'ils sont chargés de desservir.

Les brigadiers facteurs établissent aussi eux-mêmes, le cas échéant, des relevés N° 85 pour les retards qu'ils ont eu lieu de constater dans leurs tournées périodiques.

Ces états, vérifiés à la direction au moyen des parts, donnent lieu d'établir, le 6 de chaque mois au plus tard, un relevé N° 85 *bis*, récapitulant les relevés N° 85, sur lequel le Directeur prend telles conclusions qu'il convient au sujet des entrepreneurs signalés et indique, au besoin, le montant de la retenue qu'il y aurait lieu d'exercer sur leur salaire. — Lorsque, dans le courant d'un mois, il n'y a pas eu lieu de dresser d'état N° 85, la direction transmet, au Ministère, à la date sus-indiquée, un avis négatif.

269. Suite à donner aux plaintes formulées contre les entrepreneurs et courriers d'entreprise. — Indépendamment des irrégularités de marche signalées au moyen des relevés N° 85 et 85 *bis* dont il vient d'être parlé, les courriers et entrepreneurs peuvent, sur tout autre point, donner prise à des critiques fondées. Les rapports ou plaintes établis à ce sujet sont suivis par voie d'information, au moyen de la formule 383 *bis* sur laquelle les faits sont simplement, mais entièrement exposés par le directeur, avec demande d'explications ou de justifications.

L'entrepreneur fournit ses explications ou justifications dans la deuxième partie de la formule N° 383 *bis* et le receveur du bureau où est assigné le payement des mandats les fait suivre de ses observations circonstanciées.

Avant de soumettre l'affaire à l'Administration, le Directeur prend telles conclusions qu'il juge utiles; s'il ne juge pas nécessaire de saisir l'Administration de la question, il se borne à adresser à l'entrepreneur en cause un avertissement dont copie reste au dossier N° 83 de l'entreprise avec une expédition de l'information.

270. Exécution provisoire d'un service aux frais des courriers ou entrepreneurs. — Lorsque le directeur a lieu de craindre que le service puisse être compromis, soit par la mauvaise volonté d'un courrier-convoyeur, auxiliaire ou d'un entrepreneur placé sous ses ordres ; soit par suite d'un désordre notoire dans sa conduite ou ses affaires, il peut ordonner de suspendre le départ du courrier en cause et faire exécuter, aux frais de ce dernier, le transport des dépêches.

Avis de cet incident est donné à l'Administration et l'affaire est ensuite suivie par voie d'information transmise au Ministère qui prononce en dernier ressort.

271. Procès-verbaux d'irrégularité du service télégraphique. — Marche à suivre. — Toute infraction quelconque aux prescriptions de l'instruction N° 160 ou de ses annexes (*Ex : nombre de mots erroné, texte tronqué, texte conventionnel ou secret non recommandé, adresses multiples non signalées etc., défaut de signatures, exprès ou réponses payées traités irrégulièrement*), est relevée au moyen de procès-verbaux N° 207 adressés au Directeur du département, à charge par lui de les transmettre, avec son avis et ses observations, à la *direction des services sédentaires, bureau des transmissions,* qui statue sur la suite à donner.

Le Directeur qui reçoit de l'Administration communication d'un procès-verbal N° 207 met aussitôt l'agent

responsable en demeure de s'expliquer. Il prend ensuite
les conclusions que lui suggère la nature particulière des
faits. Si le fait a peu de gravité, ou si le service de l'employé est habituellement satisfaisant, le Directeur appré-
cie s'il n'y a pas lieu de se borner à mentionner l'irrégularité au registre N° 45 et au dossier de l'agent impliqué.

272. Relevé hebdomadaire des télégrammes officiels abusifs.

Ce relevé ne s'envoie que lorsqu'il ne doit pas être
négatif. (Voir l'article 251 « Contentieux, » page 170).

273. Relevé hebdomadaire des retards télégraphiques.

— Le samedi de chaque semaine, il est
transmis, *à l'inspection générale du contrôle*, sur formule N° 306, et pour chaque bureau principal, un relevé
hebdomaire des retards constatés dans la transmission
des télégrammes, avec indication des motifs de ces
retards. Les formules 306 sont accompagnées d'une lettre
ou bordereau d'envoi.

274. Enquêtes & informations pour faits de conduite ou de service d'une certaine gravité.

— Les faits de conduite relevés à la charge des agents
et sous-agents, ainsi que les faits de service d'une certaine gravité, donnent lieu d'établir des informations sur
formules N° 449, en ce qui concerne les agents, et sur
formules N° 383, en ce qui concerne les sous-agents.

Ces enquêtes sont effectuées par les directeurs, soit d'office, soit d'après les ordres du Ministère, auquel cas la
date de ces ordres est mentionnée sur les formules d'information.

Les faits qui donnent lieu à l'établissement de procès-
verbaux d'enquête sont exposés, dans la première partie
des formules N° 449 ou N° 383, suivant le cas, en termes

clairs et précis, en ayant soin d'éviter tout ce qui ne se rattacherait pas directement à l'affaire ou tout ce qui pourrait impliquer une idée préconçue de la part de l'agent chargé d'instruire. D'un autre côté, on ne doit rien omettre de ce qui peut être de nature à éclairer l'Administration et à asseoir son jugement.

Les agents interrogés répondent aux questions posées dans la deuxième partie des formules d'enquête, et c'est à la suite de leurs réponses que le chef immédiat fournit les renseignements qui lui sont demandés, ainsi que son appréciation, tant sur les faits exposés que sur la valeur des agents ou sous-agents en cause.

La troisième partie est réservée aux observations personnelles de l'agent supérieur chargé, par le Directeur, de l'instruction de l'affaire.

Avant de porter un jugement, cet agent supérieur doit s'entourer de tous les renseignements propres à baser sa conviction qui doit être exprimée en termes pesés, sans parti pris, et, surtout, sans aucun sentiment d'animosité ou de partialité.

Enfin, il appartient au Directeur seul, après étude des documents de l'enquête et des explications fournies, de prendre, dans la dernière partie des formules d'information, les conclusions motivées que comportent les faits relevés.

Dans le cas où le Directeur croit devoir faire intervenir l'action repressive de l'Administration, il transmet les dossiers d'enquête au bureau compétent.

Les faits de conduite ou concernant l'ensemble d'une gestion sont dénoncés à la *direction du personnel*. C'est le *bureau de l'ordonnancement* qui est apte à connaître des faits se rattachant à la tenue des caisses *(Déficits, détournements et désordres de gestion en tant que comptabilité)*.

275. Conclusions dans les enquêtes effectuées pour faits de conduite ou du service. — Énumération des peines disciplinaires. — A moins de circonstances exceptionnellement graves, les directeurs doivent tenir compte, dans leurs conclusions motivées, des degrés de pénalité établis par le Ministère, et ne pas conclure à l'application d'une peine plus rigoureuse que celle qui doit être encourue par l'agent fautif, d'après l'examen de son dossier.

Les divers degrés de pénalité disciplinaire sont :

1° L'avertissement simple, puis comminatoire adressé par le Directeur ;

2° L'avertissement, le blâme simple et le blâme comminatoire adressés par l'Administration;

3° La déchéance de grade ou de traitement, sans changement de résidence ;

4° Le changement de résidence avec ou sans déchéance de traitement ou de grade :

5° La radiation des cadres ou le retrait d'emploi (¹);

6° La mise à la retraite d'office ;

7° La révocation.

Les facteurs auxiliaires des télégraphes dont le service et la conduite ont donné lieu à des reproches sérieux sont CONGÉDIÉS.

276. Informations à effectuer d'office pour oppositions sur les traitements ou salaires. — Avis à en donner au Ministère. — Avis des main-levées. — Le receveur principal a seul qualité, dans le département, pour recevoir les significations

---

(1) La mise en retrait d'emploi ne s'applique qu'aux agents non com missionnés, comme les commis auxiliaires du télégraphe.

d'oppositions sur le traitement ou le salaire des agents et sous-agents ou des entrepreneurs.

Aussitôt qu'une opposition lui est signifiée, le receveur principal doit en donner avis au Directeur qui procède d'office, contre l'agent ou entrepreneur en cause, à une information sur l'origine de la dette, l'époque à laquelle il pense se libérer, ou sur la solvabilité de l'entrepreneur.

Après l'information, le Directeur notifie l'opposition à l'Administration, sous le timbre de la direction du personnel, s'il s'agit d'un agent ou sous-agent, et sous le timbre de la direction des correspondances postales, bureau de la correspondance intérieure, s'il s'agit d'un entrepreneur.

277. Rédaction des avertissements adressés par le Directeur aux agents & sous-agents. — Les avertissements simples ou comminatoires, émanant du directeur comme peine disciplinaire du premier degré, doivent être entièrement manuscrits et signés du chef de service lui-même, ou par l'agent qui le remplace par *interim*.

Ces avertissements, qui ne doivent être adressés qu'après plusieurs rappels successifs, sont rédigés dans la forme personnelle, en ce qui concerne les agents, et leur sont transmis par l'intermédiaire du chef hiérarchique.

En ce qui concerne les sous-agents, les avertissements sont rédigés sous forme de lettre adressée au supérieur immédiat chargé de leur en notifier la teneur et d'y faire apposer leur visa.

§ III. — STATISTIQUE. — SERVICE POSTAL.

278. Tableau annuel de la population. — Chaque année, dans les premiers jours de janvier, le Directeur fait résumer, sur un état N° 239, la population de la commune siége de chaque bureau et des communes rurales qui en dépendent, ces dernières groupées suivant l'organisation en vigueur au 31 décembre de l'année précédente.

La minute de l'état N° 239 est conservée à la direction et doit être tenue au courant des modifications qui peuvent survenir dans l'organisation des bureaux.

L'état N° 239 destiné au Ministère doit lui parvenir le 20 janvier, *au plus tard, sous le timbre de la direction de la comptabilité, bureau de la vérification des produits.*

279. — Statistiques des objets de correspondances expédiés et reçus. — Du 11 au 20 juin et du 11 au 20 novembre de chaque année, les directeurs font procéder, par les préposés des bureaux de leur département, au recensement des objets de correspondance expédiés ou reçus. Les imprimés nécessaires à cette opération sont transmis aux agents, par la direction départementale, les 8 juin et 8 novembre, *au plus tard.*

Les objets expédiés par un même bureau sont inscrits, journée par journée et bureau par bureau correspondant, sur un relevé unique N° 497. ·

Pour les objets reçus, il est dressé autant de relevés N° 498 *(Bureaux sédentaires)* et N° 499 *(Bureaux ambulants)* que le bureau qui les reçoit a de correspondances, par jour, avec ces bureaux sédentaires ou ambulants.

A la fin des opérations de comptage, les relevés N°⁹ 497, 498 et 499 sont centralisés à la direction. Le Directeur transmet, après les avoir vérifiés, les relevés N° 498 aux directeurs des départements auxquels appartiennent les bureaux expéditeurs; il résume ensuite, sur une formule N° 500, établie pour chaque ligne de bureaux ambulants, les relevés N° 209. *Ces pièces doivent être établies et transmises aux directeurs intéressés dans les dix jours qui suivent la date de clôture des opérations, c'est-à-dire le 1er juillet et le 1er décembre au plus tard.*

Enfin, les déclarations d'expédition des receveurs du département (*formules N° 497*) sont contrôlées par les déclarations contradictoires de leurs correspondants (*formule N° 498*), et récapitulées, après rectifications s'il y a lieu, sur un état N° 501 dont une expédition est transmise au Ministère, *direction des services sédentaires, premier bureau*, et l'autre conservée dans les archives de la direction.

280. Statistiques particulières aux stations balnéaires, lieux de campement ou de foires. — Il doit être établi, dans la forme désignée à l'article précédent, une statistique spéciale des objets de correspondance expédiés ou reçus par les préposés des bureaux situés dans des localités balnéaires, stations d'eaux thermales, de campement ou de foires, où, pendant une durée d'un mois au moins, il se produit une affluence d'étrangers. *Cette statistique est établie, pendant dix jours consécutifs, au moment où la correspondance a acquis son plus grand développement.*

281. Report au registre N° 45 des résultats de la statistique des objets manipulés. — La statistique des objets manipulés donne une moyenne, par mois, du nombre des dépêches et des objets expédiés par chacun des bureaux du département. Ces deux chiffres doivent être reportés, en juillet et en janvier, dans les colonnes à ce réservées du registre de contrôle N° 45 tenu à la direction ; ils sont répétés et accumulés pendant les cinq mois intermédiaires.

En ce qui concerne les bureaux établis dans les localités sièges de bains, de campement ou de foires, les résultats obtenus pendant l'affluence des visiteurs remplacent ceux de la statistique ordinaire, *mais pour la durée du service supplémentaire seulement.*

282. Statistique des objets manipulés spéciale aux bureaux composés.

— Les résultats des statistiques ci-dessus désignées sont, en ce qui concerne les *bureaux composés*, divisés par agents chargés du tri des correspondances et suivant l'importance du travail confié à chacun d'eux, de façon à bien définir leur moyenne respective, c'est-à-dire la sûreté ou la défectuosité de leur travail.

L'état de répartition entre les commis d'un même bureau est établi, en double expédition, sur formule N° 502 ; *une de ces expéditions est classée à la direction ; l'autre est renvoyée au receveur approuvée ou modifiée par le Directeur.*

283. Relevé trimestriel des chargements et objets recommandés.

— A l'expiration de chaque trimestre, les receveurs et facteurs-boîtiers établissent, sur une formule de N° 685 qui leur est préalablement envoyée par la direction, le relevé des chargements et objets recommandés de toute nature qu'ils ont expédiés pendant le trimestre écoulé.

Après vérification de ces documents, le directeur les fait résumer sur un état récapitulatif N° 685 dont une expédition doit être transmise au Ministère, *bureau de la vérification des produits, le 10 du mois qui suit le trimestre, au plus tard ;* l'autre expédition est conservée dans les archives de la direction avec les relevés qui ont servi à l'établir.

284. Etat statistique annuel des produits sans contrôle.

— Le 15 mars de chaque année, au plus tard, le Directeur fait établir, à l'aide du registro N° 1001, un état N° 290 présentant, par *bureau et par gestion*, les résultats du contrôle exercé par les comptables de leur département sur le contenu des dépêches arrivantes.

L'appréciation est basée sur le rapport p. % des Plus trouvés

      — Bons — } aux lettres taxées.

      — Moins —

et sur le rapport p. % des Moins aux Plus.

Enfin le Directeur fait ressortir à la dernière colonne de l'état N° 290, le rapport p. % des rebuts aux lettres taxées. Ce rapport s'obtient en divisant le chiffre des rebuts (colonne 1 des non-valeurs du livre N° 1001) avec la somme des objets taxés (lettres taxées, lettres réexpédiées, plus et bons trouvés) diminuée du montant des lettres réexpédiées (colonne 2 des non valeurs du registre N° 1001).

La dernière page de cet état est réservée aux observations que le directeur peut avoir à présenter sur la gestion des comptables.

C'est d'après ces observations que l'Administration juge s'il y a lieu de soumettre certains receveurs aux épreuves prévues par l'article 1406 de l'Instruction Générale.

LES DISPOSITIONS DE L'INSTRUCTION N° 229, QUI SERONT PROCHAINEMENT APPLIQUÉES, MODIFIERONT CERTAINEMENT LA TENEUR DE L'ÉTAT N° 290, SI MÊME ELLES N'ONT PAS POUR RÉSULTAT DE LE FAIRE DISPARAITRE.

285. Statistiques postales des communes et des cantons.

— Les statistiques postales N° 417, dont un exemplaire existe dans les dossiers d'organisation de chaque direction, sont révisées aussitôt après la promulgation de chaque recensement quinquennal.

En conséquence il est tenu compte, dans chaque bureau, du mouvement des correspondances observé pendant deux semaines consécutives ; les résultats de ce mouvement pour chaque commune est reporté au tableau N° 4 de la formule N° 417 dont les tableaux 1, 2, 3 et 7 sont remplis, également par les préposés, au moyen des renseignements obtenus des maires ainsi que des personnes compétentes.

Les tableaux N°⁵ 5 et 6 de cette même formule sont réservés à la direction.

Après avoir été certifiées par les receveurs, les statistiques N° 417 concernant un même canton sont envoyées au receveur de cette résidence, chargé de les résumer sur une formule annexe N° 417 *bis* qu'il fait viser par le juge de paix. *Les formules N° 417 et 417 bis sont ensuite adressées au Directeur.*

Après avoir vérifié l'exactitude de ces documents, le Directeur les fait relever sur un état récapitulatif N° 417 *ter* présentant, par canton, le nombre des communes et autres localités ayant une appellation particulière.

Lorsque les travaux de statistique quinquennale sont terminés, une expédition de chacune des formules ci-dessus désignées est transmise au Ministère dans l'ordre suivant :

L'annexe N° 417 bis, en tête des communes faisant partie d'un même canton et classées par ordre alphabétique.

Chaque canton est ensuite placé dans un dossier

N° 417 quater ; enfin l'envoi général est réuni dans un dossier N° 417 quinquiès.

Une série de ces documents est classée dans les archives de la direction.

286. Statistique annuelle des bureaux (N° 632, et statistique générale (N° 631.) — Dans les derniers jours du mois de décembre, les directeurs transmettent, aux receveurs et facteurs-boîtiers, deux formules N° 632 devant servir à établir la statistique postale de leur bureau.

Cette statistique dûment contrôlée sert, avec les documents particuliers existant à la direction, à établir la statistique générale du département *(form. N° 631)* dont une copie doit être adressée au Ministère, avec une expédition des formules N° 632, AU PLUS TARD LE 20 JANVIER DE CHAQUE ANNÉE.

Sur la statistique générale les bureaux sont classés suivant le rang d'importance que leur attribue le nombre des points qu'ils ont obtenus pour l'année écoulée.

La statistique générale fait ressortir, du reste, tous les éléments d'appréciation sur l'importance de chaque bureau, tant au point de vue des travaux de toute nature exécutés qu'à celui des frais d'exploitation. C'est sur ce document que le Ministère base les allocations de frais d'aide aux receveurs et les augmentations du chiffre de ces allocations lorsqu'elles existent déjà.

Avant d'être admis, chaque chiffre inscrit par les receveurs ou facteurs-boîtiers doit être sévèrement contrôlé.

§ IV. — STATISTIQUE. — SERVICE TÉLÉGRAPHIQUE.

287. État statistique N° 347. — Tous les bureaux principaux ou de l'État, et même ceux des bureaux mu-

nicipaux qui peuvent être exceptionnellement chargés de
faire le passage des dépêches pour un autre bureau, établissent, tous les mois et en double expédition, un état
statistique N° 347 présentant le nombre total, par fil et
par jour, des transmissions de toute nature. Les nombres
correspondant aux dimanches sont inscrits à l'encre
rouge.

Cet état est établi en autant de colonnes que le bureau
possède de stations correspondantes ; les numéros des fils
desservant ces bureaux sont indiqués dans les mêmes colonnes et immédiatement au dessous du nom du bureau
correspondant.

L'état statistique N° 347 présente en outre les indications suivantes : 1° les totaux du mois par fil ; 2° la
moyenne quotidienne du mois ; 3° la moyenne pour les
jours ouvrables : 4° le nombre total et par jour des télégrammes de départ et des télégrammes distribués.

Enfin il se termine par l'indication de l'effectif du personnel manipulant et distributeur, en tenant compte des
absences qui se sont produites pendant le mois.

L'état N° 347, contrôlé à la direction qui en conserve
une minute, est transmis, dans les dix premiers jours de
chaque mois, au Ministère, *direction des services sédentaires, 2° bureau.*

288. Statistique des dépêches officielles. --
A la quatrième page de l'état statistique N° 347, dont il
vient d'être parlé, figure un tableau destiné à recevoir
l'indication du nombre et de la taxe fictive des dépêches
officielles transmises pendant le mois par le bureau qui
l'a dressé, ainsi que par les bureaux municipaux qui y sont
rattachés.

Les états N° 347 doivent parvenir au Ministère, *direction des services sédentaires, 2° bureau, le 10 de
chaque mois.*

289. Statistique de la distribution des télégrammes N° 347 bis. — Les receveurs chargés d'un service de distribution des télégrammes doivent établir, en simple expédition, sur formule N° 317 *bis*, un état mensuel destiné à faire connaître, jour par jour, le nombre des télégrammes officiels, de service et privés distribués pendant le mois.

Les formules N° 317 *bis* sont réunies et contrôlées à la direction qui les transmet ensuite *au Ministère, direction des services sédentaires, bureau de la distribution.*

(Note.) Les travaux de statistique sont très nombreux, et pour ainsi dire journaliers, dans le service des directions départementales des postes et télégraphes ; mais ils résultent, pour la plupart, des besoins d'un moment et ne peuvent être, par conséquent, définis à l'avance.

Il ne convenait donc de s'occuper, dans le chapitre qui précède, que de ceux de ces travaux qui ont un caractère de périodicité parfaitement défini.

CHAPITRE III

Recrutement Militaire.

291. Agents non disponibles. — Aux termes de l'article 9 de la loi du 18 novembre 1875 sur l'organisation militaire, les hommes faisant partie de l'armée active, de la réserve ou de l'armée territoriale et qui appartiennent au Ministère des postes et des télégraphes en qualité d'agents ou sous-agents commissionnés, sont dispensés, en temps de paix, de se rendre aux divers appels successifs des hommes de leur classe et versés, en conséquence, dans *la non-disponibilité* de l'armée.

Cette disposition ne les affranchit nullement de leurs obligations militaires ; elle a simplement pour objet de ne pas désorganiser certains services publics.

La qualité de non-disponible n'est acquise qu'aux agents et sous-agents des postes et télégraphes qui comptent trois mois révolus de service dans l'Administration,

Note essentielle. — *Aussitôt la publication de l'ordre de mobilisation, les non-disponibles doivent se considérer comme mobilisés et soumis aux lois de l'armée ; ils ne rejoignent pas immédiatement, mais*

attendent, à leur poste administratif, les ordres de l'autorité militaire qui leur sont transmis par les chefs de service. Ils peuvent aussi, en cas de nécessité, être convoqués par ordre d'appel individuel pour être dirigés sur tel corps de troupe que leur désignerait le Ministre de la guerre.

282. Radiation des non-disponibles des contrôles des corps. — Tous les hommes de la réserve, de la disponibilité et de l'armée territoriale, admis dans la catégorie des non-disponibles, sont rayés des contrôles des corps pour lesquels ils ont été désignés et ne reçoivent pas d'autre affectation tant qu'ils ne cessent pas d'appartenir à la non-disponibilité pour rentrer dans le droit commun.

LES AGENTS DES POSTES ET TÉLÉGRAPHES NE PEUVENT ÊTRE OFFICIERS SOIT DE LA RÉSERVE DE L'ARMÉE ACTIVE, SOIT DE L'ARMÉE TERRITORIALE.

Les non-disponibles sont administrés par le commandant du recrutement du chef-lieu de la région où ils exercent leurs fonctions. Par exception, ceux de la Seine et de Seine-et-Oise relèvent du bureau de recrutement central de la Seine, et ceux du Rhône du commandant de recrutement de Lyon.

293. Établissement et tenue des contrôles des non-disponibles. — Les agents et sous-agents *des Postes,* non-disponibles, sont signalés au recrutement par le Directeur du département, au moyen d'un état N° 306 appelé *« contrôle nominatif »*. Ce contrôle, mentionnant en onze colonnes toutes les indications nécessaires, est établi pour chaque classe de mobilisation et en double expédition. Une expédition est transmise au recrutement ; l'autre reste à la direction.

Au fur et à mesure que des mutations viennent à se produire dans le département, le directeur en tient note et transmet, au commandant du recrutement, l'état de ces mutations au moyen du bulletin mensuel N° 308. Cet envoi a lieu le 5 de chaque mois au plus tard.

Dans les mutations on comprend les inscriptions et les radiations, lesquelles ont dû être préalablement effectuées sur les contrôles existant à la direction, avec la mention suivante dans la colonne d'observations : « *Bulletin mensuel du mois de.........188* ». *Il est dressé un bulletin mensuel pour l'armée active et un pour l'armée territoriale.*

L'envoi des bulletins mensuels au recrutement est accompagné d'un bordereau N° 309 qui fait retour au directeur, avec accusé de réception.

Le bulletin N° 308 doit être fourni même négatif.

294. Classement des livrets militaires à la direction. — Les livrets individuels des agents et sous-agents classés comme non-disponibles ne sont pas conservés par eux ; ils sont, au contraire, mis en dépôt à la direction, soit dans les dossiers de personnel de ces agents ou sous-agents, soit, *ce qui vaut mieux, par classe de mobilisation, dans une armoire ou casier spécial.*

295. Renvoi des livrets des agents qui ont cessé d'être non-disponibles et de ceux qui ont changé de résidence. — Les livrets des agents ou sous-agents qui, pour une cause quelconque, ont cessé d'être non-disponibles, sont renvoyés au commandant du recrutement avec le bulletin mensuel sur lequel est mentionné leur changement de situation.

Ceux des agents changés de résidence sont purement et simplement transmis, avec leur dossier personnel, aux nouveaux chefs de service chargés de provoquer l'inscription sur les contrôles des non-disponibles de leur région. En conséquence ces agents sont rayés des contrôles de la région qu'ils viennent de quitter par les soins des directeurs sous les ordres desquels ils se trouvaient placés.

296. Certificats de non-disponibilité. — Les non-disponibles reçoivent du commandant du recrutement, par l'intermédiaire de leurs chefs de service, un certificat de non-disponibilité mentionnant leur situation spéciale au point de vue du recrutement de l'armée.

Ce certificat leur sert de titre, il doit être représenté par eux à toute réquisition des autorités militaires.

Avant de transmettre aux intéressés les certificats qui les concernent, les directeurs font compléter leurs contrôles, s'il y a lieu, par l'inscription des numéros matricules portés sur ces certificats.

L'AGENT QUI PERD SES DROITS A LA NON-DISPONIBILITÉ DOIT REMETTRE, DANS LES QUATRE JOURS, AU COMMANDANT DE LA GENDARMERIE DE SA RÉSIDENCE, LE CERTIFICAT QUI LUI A ÉTÉ DÉLIVRÉ COMME NON-DISPONIBLE, ET DÉCLARER A CETTE AUTORITÉ LA RÉSIDENCE DANS LAQUELLE IL VA SE FIXER. IL PEUT EXIGER UN RÉCÉPISSÉ DE SA DÉCLARATION.

297. Service de la non-disponibilité de l'armée en ce qui concerne les agents et sous-agents des télégraphes. — En ce qui concerne les agents et sous-agents des télégraphes, *c'est-à-dire d'origine télégraphique*, les directeurs de l'exploitation n'ont pas à s'occuper de la non-disponibilité; ce soin incombe aux directeurs-ingénieurs ou à leurs représentants dans chaque département.

Dans tous les cas, les règles à observer par ces derniers sont les mêmes que celles ci-dessus désignées, puisqu'elles sont tracées par la loi du 18 novembre 1875 qui vise tous les services administratifs en général.

Afin de permettre aux agents du service technique de tenir les contrôles des non-disponibles parfaitement au courant, les directeurs de l'exploitation *doivent leur notifier, aussitôt qu'elles se produisent et au moyen de notices individuelles,* toutes les mutations qui surviennent dans le personnel de leur service.

§. II. — DISPOSITIONS DIVERSES SE RATTACHANT AU RECRUTEMENT DE L'ARMÉE. — RECRUTEMENT DE LA TÉLÉGRAPHIE MILITAIRE EN CE QUI CONCERNE LE SERVICE DE L'EXPLOITATION.

298. État des agents aptes au service militaire. — Le 1ᵉʳ juin de chaque année, les directeurs de l'exploitation fournissent au Ministère, *direction du personnel,* un état des agents de leur département reconnus aptes au service militaire et qui se trouvent sous le coup de l'appel sous les drapeaux.

Cet état permet à l'Administration de prévoir les vacances et d'y faire face en temps opportun.

299. État des agents qui ont présenté une demande d'admission à l'engagement conditionnel. — Le 1ᵉʳ septembre de chaque année les directeurs transmettent, également à la direction du personnel, l'état des agents placés sous leurs ordres qui ont adressé une demande d'admission à l'examen devant leur permettre de contracter l'engagement conditionnel d'un an.

300. Relevé des emplois de facteur accordés

aux anciens militaires. — Les emplois de facteur sont réservés, dans la proportion des trois quarts des vacances, aux anciens militaires.

Il est rendu compte à l'Administration du nombre des vacances qui se sont produites dans l'année, à l'aide d'un relevé envoyé à la direction du personnel le 16 décembre et par lequel le Directeur indique, séparément, quelle a été la part faite, dans la répartition des emplois vacants, tant à l'élément militaire qu'à l'élément civil.

301. Recrutement de la télégraphie militaire. — Tous les agents et sous-agents du service télégraphique âgés de vingt à quarante ans, propres au service militaire et portés comme tels aux contrôles des non-disponibles, peuvent être versés, d'office, dans le service de la télégraphie militaire.

L'organisation de ce service, relevant de la direction du personnel, est, dans les départements, une des attributions essentielles du service technique.

A cet effet, les directeurs de l'exploitation doivent faire connaître au directeur-ingénieur de leur région la situation exacte au point de vue du grade, des fonctions et de la résidence, de tous les agents et sous-agents du service de l'exploitation télégraphique qui sont sous le coup de la loi du recrutement.

Pour l'application de cette règle générale il est fait usage de notices individuelles N° 52 *bis* (roses).

302. Établissement des notices N° 52 bis. — Les directeurs de l'exploitation font établir, en double, une notice individuelle N° 52 *bis*, pour chacun des agents de leur service âgés de vingt à quarante ans ou inscrits comme volontaires dans la télégraphie militaire.

Ces notices sont dressées : pour les agents atteignant

vingt ans, aussitôt après leur tirage au sort; pour les agents admis après vingt ans, au moment de leur entrée dans l'Administration.

Une des expéditions est transmise, avec feuille d'envoi, au directeur-ingénieur; l'autre est classée à la direction.

303. Échange des notices N° 52 bis. — Tout changement ou modification dans la situation d'un agent possédant une notice individuelle N° 52 *bis* donne lieu à l'échange de cette notice entre le directeur de l'exploitation et le directeur-ingénieur chargé de mentionner sur ses contrôles les changements ou modifications survenus.

Tout échange de notices se fait au moyen d'une feuille d'envoi N° 54 *bis* relatant les motifs de la communication.

304. État général du personnel télégraphique. — Afin de permettre aux directeurs-ingénieurs de tenir au courant les contrôles de la télégraphie militaire, les directeurs départementaux doivent leur fournir, le *15 mai* et le *15 novembre* de chaque année, un état général du personnel attaché au service de l'exploitation télégraphique. Cet état est divisé en six colonnes présentant: le numéro matricule, les noms et prénoms, grades et résidences, la date et le lieu de la naissance des agents et sous-agents qui y sont portés; il est terminé par une appréciation, dans la sixième colonne, sur leur service ordinaire et leur aptitude pour la télégraphie militaire.

C'est d'après cet état que le service technique établit les cadres des première, deuxième et troisième lignes de télégraphie militaire.

305. Tableaux de mobilisation C et D à établir par les directeurs de l'exploitation. — Dans le courant du mois de janvier, le Directeur des postes et des télégraphes reçoit de l'ingénieur, dressé en triple expédition et par section de ligne, un tableau (modèle C) indiquant avec le lieu, la date et l'heure de concentration du contingent, les noms, grades et qualités des agents du service de l'exploitation appartenant à la télégraphie militaire et susceptibles d'être mobilisés au premier appel.

Le Directeur départemental complète ce tableau par l'indication :

1° Du jour et de l'heure de la cessation éventuelle de service pour chaque agent ou sous-agent mobilisé ;

2° Du jour et de l'heure du départ pour le lieu de concentration ;

3° Enfin de l'itinéraire qu'aurait à suivre l'agent mobilisé (¹).

Le premier mars le Directeur transmet, sous chargement en franchise, une expédition de l'état C :

1° A l'Administration (direction du personnel).

2° A l'ingénieur.

Il adresse, en même temps, au titulaire de chaque bureau appelé à fournir un contingent quelconque à la télégraphie militaire, avec ordre de le classer soigneusement, un extrait (modèle D) de l'état nominatif C dont le receveur est tenu d'assurer éventuellement l'exécution sous sa propre responsabilité.

Les états C, et en général toutes les pièces relatives à la télégraphie militaire, sont classés avec soin dans des dossiers que le Directeur a soin de tenir constamment sous clef.

---

(1) L'ingénieur a eu soin, au préalable, d'indiquer en tête de la formule C, quels étaient le lieu de concentration, le jour de la mobilisation et enfin l'heure d'arrivée au point de concentration.

CHAPITRE IV

Personnel.

———

§ Ier. — INSTRUCTION DES CANDIDATURES. — CONDITIONS
D'ADMISSION AUX EMPLOIS. — EXAMENS.

306. Instruction des candidatures. — L'instruction des candidatures pour le surnumérariat, pour les emplois de receveur des bureaux de début, d'agent auxiliaire du service télégraphique, de gardien d'entrepôt, de courrier-auxiliaire et de facteur de toute classe, appartient au Directeur.

307. Pièces à fournir par les candidats au surnumérariat et à l'emploi de commis auxiliaire. — Les candidats au surnumérariat et à l'emploi de commis-auxiliaire doivent formuler eux-mêmes leur demande et remplir, en double expédition, une feuille de renseignements N° 876 à laquelle sont annexées les pièces suivantes : 1° La demande sur timbre; 2° un extrait de l'acte de naissance dûment légalisé; 3° un certificat du maire de la localité constatant que le candidat est français, de bonnes vie et mœurs; 4° l'extrait du casier judiciaire constatant qu'il n'a subi aucune condamnation; 5° le certificat de libération du service militaire, ou l'état signalétique des services militaires, si le candidat a satisfait à la loi du recrutement ; 6° une copie certifiée du certificat de bonne conduite au corps; 7° enfin la copie des titres universitaires, s'il y a lieu, ou des pièces pouvant servir à le faire apprécier.

Les candidats sont en outre soumis, au moment de l'examen, à la visite corporelle du médecin assermenté.

308. Pièces à fournir par les candidats aux recettes de début. — En ce qui concerne les candidatures aux recettes de début, les postulants doivent également remplir les formules signalétiques n° 876, auxquelles sont jointes les trois premières pièces mentionnées à l'article précédent accompagnées d'un état authentique indiquant la nature et la durée des services du mari, père ou frère qui ouvrent des droits à la candidature, ou, à défaut de droits naturels, la dispense de ces droits accordée par le Ministre.

Les femmes mariées doivent en outre fournir une expédition, en due forme, de leur acte de mariage, et les veuves un extrait de l'acte de décès de leur mari.

309. Pièces à fournir par les candidats à l'emploi de facteur et autres emplois de sous-agent. — Les postulants à ces emplois doivent formuler eux-mêmes leur demande et remplir, en double expédition, une formule N° 876 *bis* à laquelle sont annexées les mêmes pièces que celles exigées pour l'admission au surnumérariat, ainsi que les certificats des personnes chez lesquelles les postulants ont travaillé depuis l'âge de 16 ans ou depuis leur sortie du service militaire.

310. Admission des aides dans le service. — Les aides assermentés sont présentés au Directeur par le titulaire du bureau qui a l'intention de les attacher à son service; ils remplissent deux formules N° 876 et y joignent leur extrait de naissance (¹) et le certificat de bonnes mœurs délivré par le maire de leur commune.

L'admission des aides est prononcée par le Directeur qui délivre, à cet effet, une autorisation sur formule N° 639 et conserve le dossier du sujet.

La participation pendant 5 ans, en qualité d'aide, au travail d'un bureau jouissant de l'allocation dite « de *frais d'aide* », donne à l'intéressé des droits à l'obtention d'une recette de début.

311. Envoi des dossiers de candidatures au Ministère.

— En ce qui concerne les postulants aux recettes de début, les dossiers sont transmis au Ministère aussitôt après leur formation, avec tous les renseignements recueillis par le Directeur et nécessaires pour éclairer l'Administration sur la valeur des candidats. Ces dossiers sont ensuite renvoyés au Directeur avec avis de l'admission ou du rejet des demandes formées. C'est alors qu'il y a lieu de faire subir, aux postulants dont les demandes ont été agréées, l'examen d'admission prescrit par les règlements.

Les dossiers des candidats au surnumérariat ne sont transmis au Ministère que sur la demande qu'il en adresse aux directeurs quelque temps avant la réunion des comités d'examen. Les directeurs fournissent en même temps les renseignements qu'ils ont obtenus sur chacun des candidats dont ils ont reçu les demandes.

Les dossiers des postulants à l'emploi de commis auxiliaire sont transmis au Ministère en même temps que

---

(1) Ce certificat peut être fourni sur papier libre, à titre de document administratif.

les résultats de l'examen auquel ils ont été préalablement soumis.

Enfin les dossiers, ou pièces principales des dossiers, relatifs aux candidatures à tous les autres emplois, sont envoyés à l'administration au fur et à mesure des vacances et des propositions.

312. Examen d'aptitude au surnumérariat.

— L'examen d'aptitude au surnumérariat a lieu au siège de chaque direction, devant le comité constitué à cet effet et à la date fixée par l'Administration. *Cette date est la même pour tous les comités.*

Chaque comité est composé du Directeur, président, d'un inspecteur ou sous-inspecteur et du receveur principal. En cas d'absence du Directeur la présidence est dévolue à l'inspecteur ou sous-inspecteur. Si l'un des autres membres du comité est malade ou absent, la troisième place est donnée soit au plus ancien commis de direction, sois au plus ancien commis principal de la recette principale ou au commis qui en remplit les fonctions.

Les matières de l'examen du surnumérariat sont les mêmes pour tous les comités; elles sont préparées par le Ministère et transmises, sous enveloppes cachetées, aux Directeurs qui ne doivent les ouvrir qu'en présence des candidats et du comité d'examen.

Les épreuves sont traitées entièrement par écrit.

Les compositions de chaque candidat sont réunies dans une formule spéciale portant son nom, la désignation du comité et la date de l'examen; les résultats individuels sont ensuite réunis en un seul paquet, accompagné du procès-verbal de la séance et adressé le jour même au Ministère, où siège la commission chargée de réviser toutes les épreuves et d'en opérer le classement par ordre de mérite,

313. Examens d'aptitude aux recettes de début et à l'emploi de commis auxiliaire. —

Les examens d'aptitude aux recettes de début et à l'emploi de commis auxiliaire ont également lieu au siége de chaque direction et devant un comité composé comme il est dit ci-dessus.

Cependant, si les candidats à examiner sont des femmes, la troisième place au comité est dévolue à une dame déléguée, à cet effet, par le Préfet.

Ce dernier comité est permanent ; il se réunit, sur la convocation du Directeur, chaque fois que cela est nécessaire.

Les questions doivent être traitées par écrit ; elles sont, en conséquence, préalablement posées par le Directeur et transcrites sur les feuilles spéciales à chaque composition.

Les résultats de l'examen des candidats aux recettes de début sont joints à leur dossier individuel ; avis de de ces résultats est donné à l'Administration par l'envoi d'une expédition du procès-verbal, et aux intéressés par une lettre de notification.

Les compositions des postulants à l'emploi de commis auxiliaire sont transmises, avec les dossiers de ces candidats, au Ministère qui prononce sur leur admissibilité ou leur inadmissibilité.

314. Conditions d'âge pour l'admission aux divers emplois. —

Les conditions d'âge fixées par les règlements pour l'admission aux divers emplois dans le service des postes et télégraphes sont ainsi fixées :

1° Pour les surnuméraires : 17 ans révolus au moins et 23 ans au plus, pour les candidats qui ne peuvent justifier de services militaires, de services civils antérieurs ou, encore, de trois années de participation au travail d'un bureau en qualité d'aides assermentés. En ce qui concerne ces derniers, la limite extrême est reculée jusqu'à 30 ans.

2° Pour les candidats aux recettes de début : 25 ans au moins et 35 ans au plus, à moins de services militaires ou civils antérieurs, auquel cas la limite est reculée d'un nombre égal d'années, sans toutefois que le candidat puisse dépasser 45 ans.

3° Pour les emplois de sous-agent : 18 ans au moins et 30 ans au plus. Si le candidat réunit des services militaires, la limite d'âge est reculée d'un nombre égal d'années à celui de ces services militaires sans qu'il puisse dépasser 40 ans.

5° Pour les commis auxiliaires, 16 ans au moins et sans conditions d'âge bien définies en ce qui concerne la limite extrême d'admission.

§ II. — NOMINATIONS. —
PRÉSENTATION AUX EMPLOIS. — HAUTES PAYES. —
INDEMNITÉS DE 1er ÉTABLISSEMENT.

315. Nominations aux emplois d'agents. — Les surnuméraires sont nommés par arrêté du Ministre des Postes et Télégraphes suivant le numéro de classement que leur assigne leur examen.

Les commis auxiliaires qui, à proprement parler, ne font pas partie des cadres, ne sont nommés, par le Ministère, qu'après un stage pendant lequel ils s'exercent à la manipulation des appareils et se livrent à l'étude du service télégraphique qui doit plus tard leur être confié. La période de stage varie suivant le degré d'aptitude des candidats qui y sont admis aussitôt après notification du résultat de leur examen. Elle ne peut être moindre de trois mois.

Les commis auxiliaires ne sont admis dans les cadres

qu'après avoir subi les épreuves de l'examen d'admission au surnumérariat. Trois années passées dans le grade de commis auxiliaire dispensent du surnumérariat, en cas de succès à l'examen. La même disposition bienveillante est appliquée aux aides-assermentés qui justifient également de trois années de participation au travail d'un bureau de poste et de télégraphe.

Les receveurs des bureaux de début, sans emploi antérieur dans l'Administration et dont le traitement ne dépasse pas 1000 fr., sont nommés par le Préfet (¹) et choisis par ce magistrat sur une liste de trois candidats établie par le Directeur, pour chaque emploi vacant, et préalablement agréée par le Ministère qui a dû autoriser les présentations. Avant de soumettre ses propositions à l'Administration le Directeur doit se concerter avec le Préfet pour le choix des candidats.

316. Vacances d'emplois de sous-agent. — Avis à donner au Ministre. — Nominations réservées au Ministre. — En ce qui concerne les facteurs de toute classe, avis des vacances est donné au Ministère au moyen de la formule N° 99 *ter*. Le Directeur soumet en même temps à la direction du personnel, et dans les colonnes à ce destinées de la même formule, la liste des candidats qu'il se propose de présenter ultérieurement au Préfet.

Pour les autres sous-agents (brigadiers-facteurs, gardiens de bureau, courriers-convoyeurs ou auxiliaires, entreposeurs, chargeurs, facteurs des télégraphes (titulaires ou auxiliaires), l'avis des vacances accompagne la présentation des candidats. Avis et présentation sont établis à l'aide de la formule N° 99 *bis*, à laquelle sont

---

(1) Décret du 25 mars 1852.

annexés, en cas de première nomination, les dossiers des candidats. Ces derniers sont nommés par le Ministre exclusivement.

317. Nominations de facteurs des postes de toute classe.

— La nomination aux emplois de facteurs des postes de toute classe est exclusivement réservée au Préfet. (¹)

Les présentations sont faites par le Directeur du département, sur des formules N° 99 offrant tous les détails nécessaires pour l'établissement des arrêtés de nomination, et après qu'il en a reçu l'autorisation du Ministère à la suite de l'envoi des formules N° 99 *ter*. Elles sont transmises au Préfet avec les dossiers des candidats et accompagnées d'une lettre d'envoi.

318. Mutations de facteurs à régulariser ou non par arrêtés préfectoraux.

— Toute mutation dans l'emploi de facteur entraînant changement de résidence ou de titre et, pour les facteurs locaux et ruraux, tout changement de tournée *avec modification de traitement*, doivent être régularisés par un arrêté préfectoral.

Lorsqu'un emploi à la nomination du Préfet vient à être supprimé, le titulaire doit être présenté, de préférence à tout autre candidat, pour un emploi au moins équivalent devenu vacant. *Il est fait mention de cette situation spéciale sur l'état de présentation N° 99.* Si l'agent dépossédé refuse le nouvel emploi qui lui est offert il est considéré comme démissionnaire.

Les changements de résidence prononcés contre les facteurs par mesure disciplinaire doivent être exécutés lors du premier mouvement de personnel qui suit la décision qui les frappe ; ils donnent lieu à régularisation au

---

(1) Décret du 25 mars 1852.

moyen d'un arrêté préfectoral. *Mention de ce cas particulier est faite sur l'état de présentation.*

Les numéros de tournée ou de quartier étant attribués par le Directeur, il n'en est pas fait mention (sauf en ce qui concerne l'expédition de la feuille N° 99 destinée à l'Administration), ni sur les arrêtés de nomination, ni sur les commissions. En conséquence, les mutations de tournée ou de quartier entre les facteurs d'un même bureau, sans modification de traitement, sont simplement autorisées ou prononcées par le Directeur, après avis de l'Administration, s'il y a lieu, sauf recours vers elle de la part des intéressés.

Ces mutations sont notifiées au Ministère au moyen de la formule N° 99.

319. Commissions & ampliations délivrées à la suite d'arrêtés préfectoraux. — Pièces à transmettre aux intéressés & au Ministère. — Les Préfets transmettent aux Directeurs, avec les commissions, une ampliation des arrêtés qu'ils ont pris. Après avoir reçu ces pièces, le Directeur les complète, s'il y a lieu, par une note marginale, à l'encre rouge, et fait établir deux copies de chacune des ampliations sur des formules N° 325, en ce qui concerne les receveurs et les facteurs-boîtiers, et sur formules N° 326 en ce qui concerne les facteurs.

Une de ces copies est transmise au Ministère, direction du Personnel, avec le dossier du sujet.

(S'il s'agit d'un facteur on doit y ajouter la copie, dûment remplie dans toutes ses parties, de l'état de présentation N° 99, le tout réuni dans une formule-dossier N° 303) (¹).

---

(1) La formule N° 303 n'est dressée et transmise au Ministère que lorsqu'il s'agit des facteurs nommés pour la 1re fois.

La deuxième copie de l'arrêté de nomination est envoyée au receveur principal pour être annexée, avec le décompte des retenues, au premier mandat de traitement.

Enfin, l'ampliation délivrée par le Préfet est insérée dans le dossier de personnel conservé à la direction.

Les commissions sont visées par le Directeur, puis transmises aux intéressés par la voie hiérarchique, s'il s'agit de sous-agents en fonctions ; et par l'intermédiaire du receveur de la résidence des postulants, lorsqu'il s'agit de sujets nouveaux.

Ces derniers doivent, dans le délai de huit jours, en faire parvenir, au Directeur, une copie certifiée mentionnant l'accomplissement de la double formalité du timbre et du serment.

Les copies des commissions sont placées dans les dossiers de personnel des agents ou sous-agents qu'elles concernent.

320. Indemnités de frais de 1ᵉʳ établissement. — Les receveurs des bureaux simples de quatrième classe nommés pour la première fois, ainsi que les facteurs-boîtiers, ont droit à une indemnité de premier établissement de 60 fr. une fois payée. Les brigadiers facteurs à une indemnité de premier équipement de 150 fr.; et 80 fr., par chaque année suivante, pour frais d'entretien d'uniforme. Les facteurs de ville et les facteurs titulaires du télégraphe, les gardiens de bureau et chargeurs reçoivent, pour le même objet, une indemnité de 75 fr., une fois payée. Enfin les facteurs locaux et ruraux ont droit à une indemnité de premier établissement de 55 francs.

Les certificats constatant les droits à ces indemnités sont établis par le Directeur et transmis au Ministère, savoir : 1º les certificats pour frais de premier établissemen! : *dans les cinq premiers jours du mois qui suit celui de l'entrée en fonctions.* Ces certificats mentionnent que les intéressés se sont pourvus du matériel ou de l'uniforme réglementaires, suivant le cas.

2° Les certificats relatifs à l'indemnité d'entretien allouée aux brigadiers : *dans les cinq premiers jours du dernier mois de chaque trimestre,* ainsi, du reste, que l'état des crédi's à allouer pour indemnités de chaussure et d'habillement aux sous-agents.

321. Présentation des facteurs-boîtiers, locaux & ruraux à la haute paye. — Les facteurs-boîtiers, locaux et ruraux peuvent obtenir successivement, par rang d'ancienneté, trois hautes-payes se confondant avec leur traitement pour baser la pension de retraite, et s'échelonnant de 50 en 50 fr. jusqu'à 150 fr. *maximum.*

Ces hautes-payes sont accordées, savoir : *la première de 50 fr. au bout de dix ans de service ; la deuxième de 100 fr., après quinze ans ; la troisième de 150 fr., au bout de vingt années.* Le montant en est payable par douzièmes, comme les traitements et sur le même mandat.

Les directeurs proposent, le 20 mai et le 20 novembre de chaque année, au moyen d'un état collectif N° 773, sur lequel ils font connaître leur appréciation, les sujets réunissant les conditions de candidature pour chacune des trois hautes-payes.

Les décisions portant concession sont notifiées aux Directeurs qui en délivrent des ampliations aux ayants-droit.

Aussitôt après avoir reçu l'avis des nouvelles concessions, il y a lieu d'établir et d'adresser, au Ministère et en double expédition, un état N° 773 *bis* destiné à provoquer l'ouverture des crédits nécessaires à la liquidation des mois de janvier ou juillet, selon le cas.

Indépendamment des états semestriels, les directeurs font établir et transmettent à l'Administration, *dans les cinq premiers jours de chaque mois, sauf en juillet et janvier*, un état N° 773 *ter* des renseignements devant servir au travail de la liquidation mensuelle des hautes-payes. Cet état mentionne, en conséquence, les radiations ou additions qu'il y a lieu d'opérer dans la liste des titulaires, pour des causes diverses qui y sont nettement indiquées.

§ III. — Notions individuelles sur les agents et sous-agents. — Notes périodiques.

322. Registre du personnel. — Il est tenu dans chaque direction un registre N° 198 du personnel postal du département.

Ce livre est divisé en catégories correspondant à chaque classe d'agents ou sous-agents qui y sont inscrits dans l'ordre chronologique de leur installation. Les pages sont numérotées afin qu'une table, constamment tenue au courant, puisse être établie pour simplifier les recherches.

La registre N° 198 ne doit contenir aucune note sur les agents ou sous-agents; il est exclusivement destiné à constater leur état-civil, leur demeure ou résidence, leurs services militaires ainsi que leurs services administratifs, la date des arrêtés de nominations, de promotions et les interruptions de service.

Les sous-agents ayant leur point d'attache en dehors des départements dans lesquels ils exécutent une partie de leur service doivent être inscrits au registre de personnel de chacune des directions qui ont sur eux une surveillance à exercer.

Les agents et sous-agents originaires du service télégraphique peuvent être également portés au registre N° 198, quoique les chefs de service possèdent, au nom de chacun d'eux, un livret de service immatriculé.

Il serait à souhaiter que le livret individuel s'étendît aux agents des postes, et qu'il fût entièrement substitué au registre N° 198 qui devient, au bout d'un certain temps, difficile à consulter.

323. Régistre des aides. — Les aides, les gérants ou intérimaires qui ne font pas partie des cadres du personnel, ne sont pas portés au registre N° 198; mais il est tenu, pour eux, un registre spécial N° 143 qui permet aux directeurs de constater leurs services et de s'adresser, en cas de besoin et pour parer à toute éventualité, à des personnes à même d'assurer le fonctionnement d'un bureau momentanément sans titulaire ou compromis par suite d'un surcroît de travail.

324. Feuilles de personnel et dossiers des agents. — Il est dressé dans chaque direction, au nom des agents qui en dépendent, une feuille de personnel N° 355 retraçant l'ensemble de leur service dans chaque résidence où ils ont été appelés successivement.

Cette feuille de personnel est close et transmise, à l'appui du dossier N° 199 de l'agent qu'elle concerne, au directeur sous les ordres duquel il est nommé, deux jours avant la date fixée pour son arrivée dans la nouvelle direction.

Une nouvelle feuille N° 355 est établie chaque fois qu'un agent change de département ou de service.

Les dossiers individuels des agents décédés, démissionnaires, mis en disponibilité, admis à la retraite, rayés des cadres ou révoqués, ainsi que ceux des agents appelés à l'Administration centrale ou nommés chefs de service, sont transmis au Ministère, direction du personnel.

325. Dossiers des sous-agents et aides. — Les dossiers de personnel des sous-agents et aides portent le N° 199 *bis*. Il est établi un dossier pour chacun des sous-agents ou aides attachés au service. Les feuilles N° 355 concernant les sous-agents ne sont dressées que dans le cas où ces derniers changent de département; il n'en est jamais établi pour les aides.

Les dossiers N° 199 *bis* des sujets sortis de fonctions sont conservés pendant cinq ans, à la direction, dans des archives spéciales.

326. Réunion des dossiers de personnel. — Les dossiers individuels du personnel sont réunis dans des enveloppes portant le nom du bureau ou du service auquel sont attachés les agents ou sous-agents, puis renfermés dans une armoire ou casier dont le Directeur seul possède la clef.

327. Notes périodiques sur les agents et sous-agents. — Les notes fournies sur le personnel des sous-agents des recettes simples (*facteurs locaux et ruraux*) sont données par les inspecteurs, ou sous-inspecteurs, à la suite de la vérification de ces établissements; mais elles sont soumises au contrôle du chef de service qni peut modifier ou atténuer les appréciations de ses principaux collaborateurs.

Les formules destinées à recueillir les notes portent les N°ˢ 300, 301 et 301 *bis*; elles sont préalablement préparées par les commis de direction, d'après le livre du personnel, ou les livrets des agents et sous-agents quand il s'agit du service télégraphique.

La formule N° 300 est réservée *aux agents* de tout grade.

La formule N° 301, *aux sous-agents* autres que les facteurs locaux ou ruraux ;

La formule N° 301 *bis* à ces derniers exclusivement.

Les agents et les sous-agents (les facteurs locaux et ruraux exceptés), sont appelés à formuler eux-mêmes, dans le cadre à ce réservé des formules N°° 300 et 301, l'objet de leurs « *desiderata* » en ce qui concerne les résidences que leurs intérêts ou leurs convenances de famille leur font le plus particulièrement rechercher.

Un cadre placé au verso de la formule (300 ou 301), et comportant une série de questions résumées chacune par une cote de 0 à 20, est destiné à recevoir les appréciations du chef immédiat sur le compte de l'agent ou du sous-agent noté.

Enfin, chaque feuille signalétique est complétée par les appréciations générales du chef hiérarchique et du directeur.

Les notes sont données aux dates suivantes :

1° Le 1er mars pour tout le personnel indistinctement (sauf les facteurs locaux et ruraux) ;

2° Le 1er juin, le 1er septembre et le 1er décembre pour les agents et sous-agents dont la nomination ou la dernière augmentation remonte au moins, à partir du 1er du mois suivant, au rang d'ancienneté ci-après :

A 2 ans pour les receveurs de 800 à 1,000 fr.

A 2 ans 1/2 pour ceux ayant de 1,000 à 2,400 de traitement.

A 3 ans pour les receveurs dont le traitement dépasse 2,400 fr.

A 1 an pour les surnuméraires ayant 18 ans accomplis.

A 1 an pour les employées (femmes), titulaires ou auxiliaires, ayant un traitement au-dessous de 1,200 fr.

A 6 mois pour les commis auxiliaires ayant une rétribution au-dessous de 1,200 fr.

Enfin, à 2 ans, pour tous les autres agents et sous-agents.

Le droit exclusif de donner des notes sur les agents de son service est une attribution que le Directeur ne peut, ni déléguer à l'inspecteur ou sous-inspecteur, ni même partager avec lui.

Les feuilles de notes sont établies en double expédition. L'une est transmise au Ministère aux dates fixées ; l'autre est classée au dossier de personnel de l'agent qu'elle concerne.

328. Tableau d'avancement. — Afin que le Directeur puisse répondre aux demandes de renseignements ou de propositions qui lui sont adressées par l'Administration, la situation des agents de son département est résumée sur un tableau synoptique, N° 144, constamment tenu au courant des modifications survenues.

Ce tableau résume, au moyen d'un simple *memento*, la position et le mérite de chacun des agents qui y sont portés.

§ IV. Secours, congés, démissions, cautionnements, retraites.

329. Demande de secours. — Frais de remplacement pour maladie. — L'instruction des demandes de secours, formées par les agents ou sous-agents en activité ou sortis de fonctions, par leurs veuves ou orphelins est faite sur des formules spéciales portant le N° 573.

A moins de circonstances exceptionnelles, qu'il convient de bien définir, il ne peut être accordé qu'un secours par an à chaque pétitionnaire qui se recommande par la dignité de sa vie et la régularité de sa conduite.

Les demandes de secours sont transmises au Ministère, direction du personnel, du 20 au 25 de chaque mois, à moins d'extrême urgence.

Les mandats doivent être établis aussitôt après l'arrivée de l'ordonnance, comme il a été dit aux articles 136 et 170, chapitre V, § 2 et 4.

Il est tenu note, sur un registre *ad hoc*, des demandes formées et de la quotité des secours accordés.

Les agents et sous-agents bien notés peuvent obtenir le remboursement des frais de remplacement qu'ils ont été obligés de payer pour cause de maladie.

Ces demandes sont instruites dans la même forme que les secours, mais au moyen des formules N° 573 *bis*. Il en est tenu note à la direction sur un registre spécial faisant corps avec celui des secours.

330. Congés et registre des congés. — Dans chaque direction il est tenu compte exactement des congés accordés aux agents et sous-agents. Ces congés sont enregistrés sur un livre N° 145 divisé en trois parties qui comprennent :

La première, les congés délivrés par le Ministère.

La deuxième, les congés délivrés par le Directeur aux sous-agents.

La troisième, les simples permissions d'absence qui ne peuvent excéder 5 jours et qui sont concédées, aux agents seulement, par le Directeur. Les permissions d'absence ne doivent ni précéder, ni suivre immédiatement un congé.

Les Directeurs peuvent accorder, aux sous-agents seulement, des congés d'un mois au maximum, les prolongations ne peuvent être concédées que par l'Administration.

Les congés accordés aux agents pour se rendre à l'étranger doivent être notifiés au Préfet par le chef de service.

L'agent auquel est délivré un congé doit commencer à en profiter dans les 15 jours de la concession; passé ce délai le titre doit être renouvelé.

Les Directeurs donnent avis au Ministère, direction du personnel, de la date du départ des agents en congé; leur rentrée est notifiée en renvoyant le titre de congé.

331. Démissions. — Sorties de fonctions. — Tout agent ou sous-agent qui désire, pour un motif quelconque, quitter ses fonctions ou les résigner doit, sous peine de révocation, transmettre au chef de service sa demande de mise en disponibilité ou sa démission, et attendre que ce dernier l'ait autorisé à quitter son service.

Cette autorisation doit, autant que possible, se concilier avec les intérêts de l'Administration et les convenances de l'agent. Elle est notifiée au Ministère, sous le timbre de la Direction du personnel, en même temps que l'envoi de la demande de mise en disponibilité ou la démission.

332. Registre des cautionnements. — Quittances d'intérêts. — Etat des agents cautionnés. — Il est tenu, dans chaque direction, un registre des cautionnements, N° 218, reproduisant textuellement toutes les indications portées sur les certificats d'inscription délivrés aux receveurs et transmis à ces derniers par l'intermédiaire des Directeurs.

D'après le registre N° 218, il est dressé, le 1ᵉʳ juillet de chaque année, un état général des agents cautionnés qui sert de base à la liquidation des intérêts. Cet état est envoyé à la Direction du personnel qui, après vérification, le transmet au Ministère des Finances, direction de la dette inscrite.

A la fin de l'année il est établi un état complémentaire mentionnant les inscriptions survenues dans le courant de cette même année.

Les quittances d'intérêts de cautionnement sont transmises au directeur de chaque département par le Trésorier-Payeur général, dans le courant de janvier.

Après s'être assuré qu'elles sont régulières, le Directeur les transmet aux agents intéressés.

333. Fixation des cautionnements. — Privilége de second ordre.

— Les cautionnements des comptables des postes et télégraphes sont basés sur le montant de leur traitement et comme suit :

Pour les traitement de 800 à 1000 fr. — Une fois le traitement ;

Pour ceux de 1200 à 1400 fr. — Une fois et demi le traitement ;

Pour ceux de 1600 à 2400 fr. — Le double du traitement ;

Pour ceux de 2500 à 4500 fr. — Deux fois et demi le traitement ;

Enfin, pour ceux de 5000 et au-dessus. — Trois fois le traitement.

Les bailleurs de fonds peuvent obtenir du Ministère des finances un certificat de privilége de second ordre, sur la production d'un acte déclaratif d'origine de deniers, passé devant notaire par l'agent cautionné et légalisé par le président du tribunal civil de l'arrondissement.

Ce privilége est mentionné au registre des cautionnements dont il vient d'être parlé.

334. Propositions et demandes d'admission à la retraite.

— L'admission à une pension de retraite peut être proposée au Mini-tère des Finances : soit d'office, par le Ministère des Postes et Télégraphes, d'après l'âge et les années de services du fonctionnaire à retraiter ; soit d'après le rapport motivé du directeur départemental, en ce qui concerne l'agent à qui l'âge et les infirmités ne permettent plus de continuer l'exercice de ses fonctions ; soit, enfin, d'après la demande formée par un agent lui-même.

Les demandes d'admission à une pension de retraite sont enregistrées à la direction, à la date où elles se produisent, sur un registre spécial N° 153 qui énonce : 1° la date ; 2° les noms des agents et la désignation de leur emploi ; 3° la suite donnée.

Un bulletin constatant cette inscription est délivré à la partie intéressée.

335. Décompte et extrait du registre du personnel à joindre aux demandes de retraite.

— A l'appui des demandes de retraite concernant les sous-agents, le Directeur doit joindre une formule N° 430 *quinquiès* indiquant, d'après le registre du personnel, la durée des services de toute nature de l'impétrant.

Pour la justification des services militaires il est nécessaire de produire un certificat du Ministre de la Guerre (¹), délivré sans frais sur la demande du Direc-

---

(1) Ce certificat est demandé par lettre du directeur, adressée au Ministre de la Guerre. — 7° direction. — Bureau des archives et des décorations.

teur. Quant aux services civils, antérieurs à l'entrée de l'agent ou sous-agent dans l'Administration, ils sont justifiés par un certificat de l'autorité compétente. Ce certificat doit être légalisé.

Après avoir reconnu la validité des demandes formées, l'Administration charge le Directeur de remplir, mais pour les sous-agents seulement, une formule N° 430 *quater* présentant le décompte, sans rature ni surcharge, des sommes brutes touchées pendant les six dernières années, tant en traitement qu'en haute-paye, par chaque intéressé. Ce décompte sert à former le traitement moyen, base de la liquidation de la retraite.

336. Payement des arrérages de pension par provision. — Les agents et sous-agents admis à la retraite et dont le traitement d'activité n'excédait pas 2,500 francs, peuvent, en attendant la liquidation de leur retraite, toucher, à titre de provision, sur la caisse du receveur-principal, une somme mensuelle basée sur celle afférente aux 4/5 de leur pension présumée.

Le décompte de cette provision est établi en chiffres ronds par le Directeur, au moyen des documents dont il dispose. Le chef de service fait ensuite connaître au receveur principal le nom de l'ancien agent ou sous-agent, le montant de la provision mensuelle, le lieu et l'époque de payement ; il l'invite en outre à faire remettre à l'ayant-droit, contre quittance, la somme qui lui est due et à en passer écriture au titre de : *Arrérages de pensions payés par provision.*

Lorsque l'agent retraité a déclaré vouloir toucher dans un département autre que celui où il a exercé en dernier lieu ses fonctions, le directeur de ce dernier département adresse le décompte à son collègue qui fait ensuite le nécessaire.

Lorsque le certificat de pension est parvenu au directeur, il le remet au receveur principal avec invitation de le conserver jusqu'à l'expiration du trimestre en cours, et de le renvoyer ensuite à la Direction avec le bordereau des payements effectués par provision.

Ces pièces sont transmises au Trésorier général qui les vérifie et les renvoie au Directeur, avec assignation de payement des termes échus, sur la caisse du receveur-principal qui balance son compte par une recette correspondante, envoie le titre de pension à l'ayant-droit et comprend, comme comptant, dans son premier versement, le montant des quittances fournies et visées par le Trésorier payeur général.

337. Certificat de cessation de payement du traitement d'activité. — Aux termes de la circulaire de la Direction générale de la Dette inscrite, du 20 décembre 1871, § 6, le fonctionnaire retraité doit représenter au payeur, chargé d'effectuer le premier payement des arrérages de sa pension, un certificat de cessation de payement du traitement d'activité.

En conséquence, au moment où il reçoit le titre de pension d'un agent ou sous-agent, le Directeur établit le certificat mentionné ci-dessus, sur une formule N° 434, et le transmet à l'intéressé en même temps que son titre de pension.

338. Reversibilité en faveur des veuves d'une partie de la pension de leurs maris. — Les veuves ont droit, dans la proportion de 1/3 de la pension de leurs maris décédés, à la reversibilité de cete portion de pension en leur faveur ; il en est de même pour les veuves d'agents ou sous-agents décédés en activité, mais ayant acquis des droits à la retraite.

Les Directeurs sont chargés, sur la demande des intéressés, de leur faire délivrer leurs titres de pension.

Les pièces à fournir sont les suivantes :

1° L'acte de naissance ;

2° L'acte de décès du mari ;

3° L'acte de célébration du mariage civil ;

4° Le brevet de pension du mari ou une déclaration de perte, si le mari était pensionné ;

5° Un certificat de non séparation de corps, ou, le cas échéant, un certificat constatant que la séparation a été prononcée sur la demande de la femme.

A MOINS QUE LE MARI AIT PERDU LA VIE DANS L'EXERCICE DE SES FONCTIONS, LA VEUVE QUI SOLLICITE UNE PENSION DOIT ÊTRE MARIÉE DEPUIS 6 ANS RÉVOLUS.

Les pièces fournies sont vérifiées par le Directeur auquel elles ont été remises, chargé de les transmettre avec ses observations et son avis, au Ministère, direction du personnel.

339. Secours annuels aux orphelins des agents et sous-agents. — Les orphelins dont le père était pensionné, ou avait acquis des droits à la retraite, peuvent obtenir, sous la forme d'un secours annuel déterminé par le montant de la pension qui aurait été attribuée à leur mère, un secours-pension qui leur est servi intégralement jusqu'à ce que le dernier d'entre eux ait atteint l'âge de 21 ans.

Les pièces à fournir par les orphelins sont les suivantes, *indépendamment de celles que leur père aurait été obligé de produire :*

1° Leur acte de naissance ;

2° L'acte de décès du père ;

3° L'acte de célébration de mariage des père et mère ;

4° *Un extrait de l'acte de tutelle :*

5° *L'acte de décès de la mère, mais en cas de prédécès seulement.*

6° *Le brevet de pension du père, s'il a été délivré, ou, à défaut, une déclaration de perte.*

Les Directeurs procèdent pour ces demandes de secours-pension comme il est dit à l'article précédent.

CHAPITRE V.

Organisation du Service des Postes et Télégraphes.

340. Division du service d'organisation. — *L'organisation du service en général et surtout son perfectionnement* rentrent dans les attributions essentielles des Directeurs de l'exploitation qui doivent être secondés, dans cette tâche laborieuse et souvent pleine de difficultés, par le concours dévoué et l'initiative des agents de tout grade placés immédiatement sous leurs ordres.

On peut diviser *l'organisation* en cinq parties bien distinctes qui résument entre elles toute cette branche importante du service des Directions départementales.

Les divisions principales de l'organisation sont :

1° L'ORGANISATION DES CORRESPONDANCES qui comprend les divers moyens d'acheminement des dépêches postales que les bureaux s'expédient entre eux ; la suppression et la création de ces dépêches.

2° L'ORGANISATION LOCALE ET RURALE qui concerne la distribution des correspondances à domicile et la levée des boîtes aux lettres.

3° Les demandes d'établissements de poste de différente nature et de boites aux lettres supplémentaires ; la réparation et l'entretien des boîtes rurales ;

4° Les demandes et concessions de bureaux télégraphiques ou mixtes ;

5° L'installation des bureaux. — Baux. — Renouvellement de baux.

La tâche que nous avons entreprise en rédigeant ce chapitre est particulièrement délicate, attendu qu'elle demande certains développements destinés à initier les agents débutants à la pratique des travaux d'organisation et que, d'un autre côté, notre situation ne nous permet pas d'empiéter sur le domaine de l'expérience que possèdent les chefs de service qui sont à peu près seuls aptes à reconnaître l'opportunité d'une proposition ou d'une création quelconques.

Nous ne nous occuperons donc que de développer, au point de vue pratique et dans l'ordre indiqué ci-dessus, les différents travaux auxquels donnent lieu, dans les directions, les diverses questions d'organisation.

341. Documents obligatoires concernant l'organisation. — Afin d'aider leurs recherches et de faciliter leurs travaux, les directeurs sont tenus de conserver dans les archives de la direction, pour être consultés en toute occasion, les documents dont le détail suit :

1° Une carte des services par entreprise appartenant à leur département et constamment tenue au courant des modifications qui ont pu survenir dans ces services ;

2° Les cartes topographiques du département, par arrondissements divisés en cantons et communes ;

3° La carte du département présentant, tracées à la main, les tournées des facteurs, leur numéro, les lettres-timbre des boîtes, les deuxièmes levées, etc., etc.

Ces tournées sont décrites au moyen de lignes droites ou brisées formant flèches et passant par chaque point desservi ; elles partent et aboutissent au même point qui est le siège du bureau, sauf en ce qui concerne les facteurs de relais, institution qui tend tous les jours à disparaître.

4° Le plan de toute ville siège d'un bureau composé ou chef-lieu d'arrondissement, avec indication à la main, de l'emplacement du bureau, des boîtes supplémentaires et du tracé des quartiers de distribution.

5° Les tableaux N°ˢ 509 et 511 de la marche des bureaux ambulants et des trains utilisés pour le service postal sur les lignes ferrées intéressant le département.

Ces tableaux sont imprimés et fournis au service par l'Administration.

342. Dossiers d'organisation. — Le Directeur départemental doit posséder pour chacun des établissements de poste et de télégraphe de sa circonscription, et doit faire établir, pour tout bureau nouvellement créé, un dossier d'organisation renfermé dans une chemise spéciale, portant le N° 154, dont la première page présente un résumé statistique des renseignements propres à l'établissement que concerne le dossier.

Chaque dossier d'organisation est composé des documents suivants :

1° Un tableau N° 155 indiquant les bureaux correspondants et l'acheminement des dépêches expédiées

*et reçues, avec les heures d'expédition et de récep-
tion ;*

2° Un plan du local affecté au bureau et au logement du titulaire, ainsi qu'une copie du bail qui l'afferme soit au receveur soit directement à l'Etat ;

3° Une copie du règlement intérieur N° 1143 ou 1143 bis et du tableau extérieur N° 178 ter du service du bureau ;

4° Une minute de l'état d'organisation du service local et rural N° 677 ;

5° La nomenclature N° 1076 des communes, hameaux, villages, écarts et établissements particuliers composant l'arrondissement postal du bureau ;

7° Les bulletins types d'itinéraires N° 540 *et* 540 *bis des tournées locales et rurales ;*

8° Les états statistiques N° 417 de la commune siége du bureau et des communes que ce bureau dessert ;

9° Enfin, le dossier des lettres et pièces diverses relatives à l'organisation du service. Dans ce dernier dossier sont comprises les copies de tous les ordres de service de l'Administration qui ont modifié successivement l'organisation primitive.

Les originaux des ordres de service sont classés, par ordre chronologique, dans un carton spécial.

343. Observations générales aux études d'organisation. — Les études d'organisation, quelles qu'elles soient, doivent toujours être dressées en double expédition ; les minutes sont conservées à la direction et les dossiers, établis en expédition, sont transmis aux bureaux compétents du Ministère.

Toute proposition, étude ou discussion d'une organisation de service doit être accompagnée d'un tracé présentant, en noir, l'organisation existante, et, en rouge, l'organisation proposée, avec indication de divers renseignements qui pourraient être de nature à faciliter l'examen de la question et à faire ressortir les avantages de la combinaison proposée.

La solution des études d'organisation appartient exclusivement au ministère.

§ II. — Organisation des correspondances (service extérieur).

344. Moyens divers employés pour le transport des dépêches. — L'organisation du transport des dépêches dépend essentiellement des ressources que possèdent, au point de vue des communications, les circonscriptions desservies ou à desservir.

Les divers moyens employés pour le transport des dépêches sont les suivants :

1° *Les services par entreprise en voiture, à cheval et à pied;*

2° *Les services par chemins de fer au moyen de courriers-convoyeurs ou auxiliaires ;*

3° *Les services exécutés en chemins de fer, ou à pied, par les sous-agents ou postulants facteurs;*

4° *Les services exécutés par les agents du chemin de fer;*

5° *Les services provisoires, au mois ou à la journée, exécutés en attendant, soit une organisation définitive, soit la réadjudication d'un service qui a pris fin prématurément ; soit enfin une réadjudication qui, pour une cause quelconque, n'a pu avoir lieu en temps opportun.*

Les services provisoires peuvent être aussi la consé-

quence de causes accidentelles qu'il n'est pas possible de
prévoir, telles que : les crues, la fonte des neiges, la rup-
ture d'un pont, les inondations, etc.

**345. Etudes pour l'adjudication ou la réad-
judication des services par entreprise de
toute nature.** — Les études concernant un service
par entreprise à créer, de quelque nature qu'il soit, s'établissent sur la formule N° 226 présentant, dans ses divers
tableaux, tous les renseignements utiles à baser le jugement de l'administration, à lui démontrer l'utilité de la
proposition et à lui en faire connaître l'issue probable au
point de vue financier.

La formule N° 226 doit contenir le tracé, à l'encre
rouge, du service proposé et, s'il y a lieu, le tracé, à
l'encre noire, du service ou des services que la nouvelle
combinaison est appelée à supprimer.

Les renseignements à fournir au Ministère pour la
simple *réadjudication* d'un service par entreprise sont
donnés sur la formule N° 226 *bis* qui doit parvenir à
l'administration *cinq mois avant la date d'expiration
du marché en cours d'exécution.*

**346. Etude pour confier aux sous-agents
l'exécution d'un service de transport à créer
ou exécuté par un courrier d'entreprise dont
le marché prend fin.** — Lorsqu'un service de transport à créer peut être, sans inconvénient, confié à des
sous-agents ou postulants facteurs, ou bien encore,
quand une entreprise est sur le point de prendre fin et
qu'elle peut être utilement remplacée par le même moyen,
le Directeur en informe l'administration par un rapport
spécial auquel il joint une étude 226 *bis* faisant ressortir,
par la comparaison des tableaux 1 et 2 de cette formule, les

avantages de la mesure proposée. Le tableau N° 1 est relatif au service à confier aux sous-agents ou postulants facteurs.

347. Etude pour confier aux sous-agents ou à un courrier auxiliaire l'exécution d'un service en chemin de fer. — Les renseignements à fournir au Ministère pour l'exécution d'un service de transport des dépêches en chemin de fer, soit par des sous-agents, soit par un courrier auxiliaire sont donnés, avec détails, sur une formule N° 226 *ter* dont le tableau N° 1 concerne le service par sous-agents et le tableau N° 2 le service par courrier auxiliaire.

Il ne doit être demandé de création de courrier auxiliaire que dans le cas où il y a impossibilité matérielle de faire exécuter le service par les sous-agents.

348. Publication de l'adjudication des services par entreprise de toute nature. — Les Directeurs sont chargés de la publication des services par entreprise à adjuger ou à réadjuger dans leur département.

L'administration leur envoie à cette effet, après étude de formules N° 226 ou 226 *bis*, suivant le cas, un modèle du ier des charges avec les conditions spéciales à chaque entreprise.

A la réception de cette pièce il y a lieu de faire préparer *immédiatement*, conformément au modèle, des formules de cahier des charges N° 331 qui sont transmises, avec leur annexe N° 331 *bis*, à chacun des receveurs des bureaux désignés pour recevoir le dépôt des demandes d'admission à soumissionner. Cet envoi est accompagné des pièces suivantes :

1° Une formule N° 558 donnant aux préposés toutes les instructions nécessaires ;

14

2° Une formule 423 bis destinée à enregistrer les demandes d'admission à concourir, au fur et à mesure qu'elles se présentent, et à FOURNIR DES RENSEIGNEMENTS SUR LES CANDIDATS *de qui elles émanent.*

Il est détaché de cette formule un bulletin qui est remis au candidat.

3° Enfin des affiches, dûment remplies, destinées à être placardées à la porte du bureau, à la mairie et dans les lieux les plus apparents de chaque localité.

Une de ces affiches, appelée affiche modèle, doit faire retour à la direction, avec le dossier d'adjudication, après la clôture définitive des opérations; elle est revêtue du certificat du maire attestant que des affiches semblables ont été apposées dans les endroits prescrits par le Directeur.

(NOTE). Il s'est parfois élevé des difficultés entre les préposés et les afficheurs publics qui réclamaient le monopole de l'apposition et tenaient à s'en faire payer les droits. Cette prétention est erronée ; les affiches de publication d'un service par entreprise, imprimées du reste sur papier blanc, jouissent des mêmes immunités que toutes celles qui proviennent de l'Imprimerie nationale, c'est-à-dire qu'elles doivent être comprises au rang des annonces officielles qui peuvent être placardées, au besoin, par les agents de l'administration et n'ont, dans aucun cas, de droits à payer à l'adjudicataire des annonces et placards.

Les adjudications sont publiées, sauf les cas d'urgence, un mois au moins avant la date de clôture, et les demandes d'admission des candidats doivent être remises OUVERTES, aux préposés désignés pour les recevoir, vingt jours au moins avant cette même date de clôture.

Tout candidat doit produire, à l'appui de sa demande, un certificat très explicite délivré par les autorités locales, attestant : *1° qu'il est Français; 2° qu'il présente les garanties désirables d'aptitude et de moralité pour assurer un bon service; 3° qu'il possède des ressources suffisantes pour mener à bien l'entreprise.*

349. Transmission au Ministère des demandes d'admission à soumissionner. — Douze jours au moins avant la date fixée pour la clôture de l'adjudication, le directeur transmet au Ministère toutes les demandes d'admission qui lui sont parvenues, après avoir contrôlé les renseignements qui lui ont été fournis sur chaque candidat et complété, au besoin, ces renseignements.

Cet envoi est accompagné d'une formule N° 428 *ter* donnant la liste complète des candidats et sur laquelle le Directeur fournit, avec précision, son avis motivé sur leur admissibilité ou sur leur inadmissibilité.

Les formules N° 428 *ter* contenant les renseignements fournis par les receveurs sont également jointes au dossier.

350. — Avis d'admissibilité. — Dépôt des soumissions. — Dès que la décision concernant les personnes admises à soumissionner a été prise par l'administration, elle est immédiatement notifiée au Directeur qui en informe les candidats, par le plus prochain courrier, au moyen d'une formule N° 558 *ter*. Cette formule, qui n'est autre qu'une lettre d'admission, doit être présentée aux préposés chargés de recevoir le dépôt des soumissions. Ces derniers reçoivent du reste eux-mêmes, par lettre du Directeur N° 558 *bis*, la liste des candidats agréés par l'Administration.

Les soumissions, établies *sur papier timbré*, doivent être déposées, *dans une enveloppe cachetée*, entre les mains des agents désignés par les affiches de publication ; elles sont enregistrées, aussitôt leur dépôt, sur un procès-verbal N° 423 *quater* duquel est détaché un bulletin qui est remis au soumissionnaire et qui mentionne le jour et l'heure du dépôt de la soumission. Chaque soumissionnaire doit apposer sa signature sur le cahier des charges et son annexe.

Scus peine de nullité, il ne peut être reçu de soumissions après le délai fixé irrévocablement par
les affiches.

**351. Envoi au Ministère des procès-verbaux
Nº 428 quater et des soumissions cachetées. —**
Dès que le délai de clôture de l'adjudication est expiré,
les soumissions, jointes au procès-verbal Nº 428 *quater*
sont, ainsi que l'affiche modèle, transmises sous bulletin
Nº 13, par chaque receveur au Directeur qui les fait par-
venir sans retard au Ministère, également sous bulletin
Nº 13.

Il n'appartient qu'à l'Administration d'ouvrir les enveloppes contenant les soumissions, et, par suite, de déclarer adjudicataire celui des candidats qui lui paraît offrir les meilleures conditions, tant au point de vue financier qu'au point de vue de la sécurité.

**352. Notification du résultat des adjudications
de services par entreprise. — Formalités à remplir par les adjudicataires. —** Les décisions minis-
térielles portant adjudication de *services par entreprise* sont notifiées aux directeurs chargés d'en assurer
l'exécution à la date fixée par l'administration.

Le chef de service informe l'adjudicataire de la décision prise en sa faveur au moyen d'une lettre spéciale
imprimée Nº 663 ou 663 *bis*, suivant qu'il doit ou non
être soumis à un cautionnement du dixième du prix
annuel du marché (¹).

(¹) La formule Nº 663 est employée pour les entrepreneurs non soumis à cautionnement, c'est-à-dire ceux dont le salaire annuel ne dépasse pas 1,000 fr.

La formule Nº 663 *bis* est au contraire employée pour les entrepreneurs ayant un salaire au-dessus de 1,000 fr. et, par conséquent, soumis à un cautionnement du dixième de ce salaire annuel.

La même décision est notifiée aux receveurs des bureaux placés sur le parcours de l'entreprise, chargés de faire exécuter, chacun en ce qui le concerne, les clauses et conditions du cahier des charges dont ils reçoivent un extrait. Le receveur de la résidence habitée par l'adjudicataire reçoit, en outre, un exemplaire du cahier des charges pour être remis à cet adjudicataire, la soumission de ce dernier et une copie du marché sur formule N° 330. Le tout est accompagné d'une lettre d'instruction N° 664 indiquant les formalités auxquelles les pièces sus-mentionnées doivent être soumises.

Ces formalités sont : *1° Le timbre du cahier des charges (5 fr. 40) ; 2° le timbre de la copie de la soumission (1 fr. 80) ; 3° l'enregistrement de la soumission elle-même, c'est-à-dire du marché, dont les droits sont gradués comme suit :* pour un marché dont les six annuités réunies ne dépassent pas 5,000 fr., 6 fr. 25 ; pour un marché dépassant 5,000 fr. et jusqu'à 10,000 fr. inclusivement, 12 fr. 50; de 10,001 jusqu'à 20,000 inclus, 25 fr., et ainsi de suite, à raison de 25 fr. en plus, par chaque somme de 20,000 fr. ou fraction de 20,000 fr.

Les formalités ci-dessus étant remplies, la soumission et la copie du marché sont renvoyées au Directeur qui les transmet au Ministère.

353. Surveillance du matériel destiné à l'entreprise et du versement du cautionnement. — Avant l'époque fixée pour la mise en activité d'un service, le Directeur doit s'assurer auprès du receveur que le matériel devant servir à l'exploitation est complet et bien approprié au transport des dépêches.

Si l'entrepreneur est assujetti à un cautionnement, le Directeur doit se faire représenter le récépissé du versement de ce cautionnement et renvoyer cette pièce à l'entrepreneur, après avoir pris note de sa date et de son numéro sur la copie du cahier des charges annexée au dossier d'entreprise N° 86 dont il sera parlé plus loin.

A défaut de ces justifications, l'entreprise ne peut être mise en activité et un service provisoire est exécuté aux frais de l'adjudicataire en retard.

354. Boîtes mobiles et sacoches-boîtes. — L'entrepreneur d'un service en voiture est tenu d'adapter au panneau de sa voiture, au moyen d'un cadenas fermant à clef, une boîte mobile en tôle destinée à recevoir les lettres qui peuvent y être déposées à certains endroits du parcours désigné par le Directeur, l'entrepreneur entendu. Cette boîte est fournie par l'administration mais payée, entretenue et au besoin renouvelée par cet entrepreneur.

Les entrepreneurs à cheval ou à pied peuvent être tenus de se pourvoir, également à leurs frais, d'une sacoche-boîte destinée au même usage que la boîte mobile des courriers en voiture.

En outre l'entrepreneur d'un service à pied peut encore être tenu de lever les boîtes aux lettres des communes rurales situées sur son parcours et, dans ce cas, il doit prêter le serment professionnel exigé des facteurs.

Enfin les entrepreneurs à cheval ou à pied doivent encore se munir, à leurs frais, de la valise destinée à contenir les dépêches transportées.

Cette valise doit fermer à clef.

355. Dossiers et état synoptique des services par entreprise. — Il est constitué, à la direction, pour chaque entreprise, un dossier renfermé dans une formule N° 86 constamment tenue au courant des renseignements que son texte comporte.

Cette formule N° 86 contient, à la première page, la désignation du service, le nom de l'entrepreneur, la date d'entrée en activité et celle à laquelle l'entreprise prend fin, le prix annuel et par jour, le nombre de kilomètres à parcourir, etc.

Les deux pages intérieures sont destinées à l'enregistrement successif des faits relevés à la charge de l'entrepreneur et de la suite qui leur a été donnée.

Les dossiers d'entreprise sont réunis, par nature de services, dans une enveloppe générale où ils sont classés par ordre alphabétique des bureaux points de départ.

Dans cette enveloppe, ou carton, est placé un état synoptique des services de transport des dépêches ayant un point d'attache dans le département; ce tableau, tenu constamment au courant des modifications qui surviennent, présente les renseignements suivants :

1° La désignation des services; 2° le nombre de kilomètres entre les deux points extrêmes; 3° le nombre d'ordinaires exécutés par chaque service; 4° le mode d'exploitation; 5° la date de la mise en activité; 6° enfin les noms et résidences des entrepreneurs.

Un extrait du tableau synoptique, établi sur formule N° 576, doit exister dans chaque bureau pour les services qui le desservent.

356. Services provisoires. — En cas de décès ou de faillite d'un entrepreneur et lorsque le service ne peut être continué par les héritiers ou le syndic, en cas de condamnation entraînant la résiliation du marché, le Directeur prend immédiatement les mesures nécessaires pour assurer le transport des dépêches et conclut, à cet effet, aux conditions les moins onéreuses pour le Trésor, un marché provisoire, au mois ou à la journée, avec un entrepreneur auquel il fait signer l'engagement dont le modèle est donné par l'appendice N° 48 de l'instruction générale.

Lorsqu'un service arrive à fin de bail sans que le marché ait pu étre renouvelé à temps, le Directeur, après avoir consulté l'administration quelques jours à l'avance, prend les mesures provisoires que comporte la situation en donnant, à prix égal, la préférence à l'entrepreneur sortant si, toutefois, son service a été satisfaisant.

Il peut encore arriver que, par suite de sinistres ou d'empêchements graves tenant à un cas de force majeure, le service normal d'une entreprise soit compromis ; dans ce cas le Directeur doit assurer le service d'urgence et dans les meilleures conditions de célérité que peuvent offrir les moyens dont il dispose. Il rend immédiatement compte au Ministère des mesures prises.

Dans tous les cas, les marchés provisoires sont adressés au Ministère — direction des correspondances postales — 1ᵉʳ bureau, et une copie de ces marchés reste entre les mains du Directeur.

357. Courriers-convoyeurs. — Les courriers-convoyeurs, recrutés parmi les sous-agents les plus sûrs et les plus recommandables de l'administration, sont chargés de l'exécution du service de transport des dépêches sur les lignes ferrées d'une certaine étendue et sur lesquelles les bureaux ambulants ne voyagent pas ou ne voyagent qu'à certains ordinaires. Ils sont chargés, non seulement de recevoir et de remettre des dépêches closes, mais encore d'un travail de manipulation pour toutes les lettres dites « *de route* » provenant, soit des boîtes mobiles des gares, soit des boîtes mobiles ou sacoches-boîtes des courriers qu'ils sont chargés de recevoir aux différentes stations, ou recueillies à la main dans les stations ne possédant pas de boîte aux lettres.

Les courriers-convoyeurs sont pourvus à cet effet d'un coffret contenant tout le matériel nécessaire aux opérations de timbrage ; leur timbre à date est changé, à chaque station, de manière à indiquer très exactement la provenance des lettres recueillies. Ils correspondent, au moyen d'enveloppes N° 94 dans lesquelles sont insérées les correspondances, avec tous les bureaux pour lesquels ils ont des dépêches closes. Lorsqu'ils n'ont aucun objet de correspondance à destination d'un de ces bureaux, l'enveloppe N° 94 est remplacée par un bulletin négatif N° 249.

358. Documents de service à l'usage des courriers-convoyeurs. — Ces courriers sont porteurs d'un carnet indicateur N° 1201, constamment tenu au courant, mentionnant les dépêches ordinaires qu'ils doivent recevoir et remettre sur leur parcours.

Les minutes des carnets indicateurs sont classées dans un carton spécial, à la direction départementale du point de départ, afin d'être consultées lorsqu'il y a lieu ; elles sont tenues au courant des modifications prescrites par les ordres de service.

Les courriers-convoyeurs sont en outre munis d'un part N° 1200, imprimé et spécial à chaque ligne, sur lequel ils mentionnent la marche réelle des trains, les dépêches supplémentaires reçues et les dépêches manquantes.

Ils établissent, au sujet des divers incidents de route qui ont un intérêt quelconque au point de vue du service, des rapports N° 83 *ter* qu'ils transmettent, par l'intermédiaire de leurs chefs immédiats, au Directeur chargé d'y donner suite.

359. Tableau de roulement entre les courriers-convoyeurs. — Lorsque, dans la même localité, il existe plusieurs services exécutés par des courriers-convoyeurs, il est établi, entre ces derniers, un tableau de roulement dans lequel il doit être tenu compte du temps de repos qui peut être généralement fixé dans la proportion de 1 jour sur 4.

Ce tableau est dressé par le directeur du département auquel appartiennent les courriers et soumis à l'approbation du Ministère.

Le roulement peut exister entre courriers appartenant à des départements différents lorsqu'il y a, entre eux, alternat; dans ce cas les chefs du service doivent s'entendre pour organiser ce roulement et le faire exécuter.

Enfin il peut y avoir, sur certaines lignes moins importantes, alternat entre les courriers-convoyeurs et les courriers-auxiliaires dont il est question dans l'article suivant.

Les courriers-convoyeurs sont soumis au double contrôle de leurs chefs immédiats et directs et des agents du service ambulant.

360. Courriers-auxiliaires. — Les courriers-auxiliaires sont recrutés parmi les sous-agents retraités du Ministère des Postes et Télégraphes, ou à défaut, parmi d'anciens serviteurs de l'Etat ; ils sont chargés d'un service complétement identique à celui des courriers-convoyeurs, mais sur les lignes secondaires.

Toutes les dispositions relatives au service des courriers-convoyeurs leur sont applicables. En un mot les courriers-auxiliaires n'ont été créés que pour limiter le nombre des convoyeurs, en favorisant cependant la prompte transmission des correspondances sur toutes les lignes ferrées, que.les qu'elles soient.

Les courriers-auxiliaires reçoivent un salaire basé sur le nombre d'heures passées en dehors de leur résidence.

Le tarif de cette indemnité est ainsi fixé :

20 centimes par heure de jour et 30 centimes par heure de nuit, sauf modifications dûment justifiées par des conditions particulières qui rendraient le service plus pénible.

361. Services en chemin de fer par les sous-agents ou postulants facteurs. — Les sous-agents, auxquels leur service ordinaire le permet, peuvent être chargés d'exécuter, en chemin de fer, certains services de transport de dépêches de peu de durée. Ces sous-agents reçoivent, en plus de leur traitement, un indemnité calculée à raison *de 0 fr. 06 c. par kilomètre parcouru de jour, et de 0 fr. 12 c. par kilomètre parcouru de nuit,* avec ou sans dépêches.

Les mêmes services peuvent aussi être confiés, aux mêmes conditions, à des postulants facteurs.

362. Services de transport des dépêches par les agents du chemin de fer. — Les services exécutés par les soins des compagnies de chemin de fer se payent d'après des conditions stipulées, de gré à gré, entre ces compagnies et l'Administration ; ces conditions peuvent être généralement évaluées à 30 fr. par mois par station desservie ; 50 fr. par mois par station desservie à l'aller et au retour, ou pour plusieurs stations desservies à l'aller et au retour ; enfin 200 fr. ou 300 fr. pour un entrepôt de dépêches tenu par les agents des Compagnies.

Les services par agents du chemin de fer sont très rares, on ne doit d'abord recourir à leur intervention que dans des cas exceptionnels.

363. Services à pied exécutés par les sous-agents ou postulants-facteurs. — Les sous-agents ne peuvent se soustraire, lorsque leur service ordinaire le permet, à l'obligation d'exécuter à pied le transport des dépêches entre deux points généralement rapprochés, tels que, par exemple : de la station au bureau, ou du bureau à un autre établissement de poste chargé de l'échange des dépêches.

Ils reçoivent, pour ce service supplémentaire, une indemnité calculée sur le parcours kilométrique à raison de 0 fr. 06 c. par kilomètre parcouru le jour, et de 0 fr. 12 c. par kilomètre parcouru la nuit.

Les services à pied par sous-agents peuvent aussi être confiés, aux mêmes conditions que celles ci-dessus fixées, à des postulants facteurs.

Les sous-agents ou postulants facteurs, chargés d'un transport de dépêches, doivent se pourvoir, à leurs frais, d'une valise destinée à renfermer les dépêches transportées.

AUCUNE CRÉATION D'EMPLOI DE FACTEUR NE PEUT ÊTRE DEMANDÉE DANS LE BUT EXCLUSIF DE FAIRE EXÉCUTER UN SERVICE DE TRANSPORT DE DÉPÊCHES.

364. Entreposeurs en gare. — Les entreposeurs sont des sous-agents de l'administration chargés, dans les gares d'une certaine importance, de la réception, de l'expédition et du transbordement des nombreuses dépêches closes qui leur sont remises tant par les bureaux ambulants et courriers-convoyeurs, que par les courriers d'entreprise aboutissant à la gare à laquelle ils sont attachés.

Ces sous-agents effectuent aussi le travail de manipulation pour les lettres extraites des boîtes mobiles des courriers qu'ils sont chargés de recevoir, et pour celles provenant de la boîte de la gare qui doit être levée par eux avant chaque départ.

Les entreposeurs sont placés sous les ordres du receveur de leur résidence, et, par conséquent, sous l'autorité du directeur départemental ; mais ils relèvent, au
point de vue du contrôle de leur service, tant de leurs
chefs directs que des agents du service ambulant.

Le matériel d'un entrepôt, c'est-à-dire les chaises,
tables, coffres, casiers, poële, etc., est la propriété de
l'administration constatée par un inventaire établi par le
chef de service. L'entreposeur ne peut modifier ce matériel sans l'autorisation du directeur qui doit préalablement consulter l'administration à ce sujet.

L'administration s'est aussi réservé le droit d'autoriser
d'après le rapport motivé du Directeur, les dépenses de
certaine importance à faire pour réparations de l'édifice
ou du matériel d'un entrepôt.

365. Uniformes et insignes réglementaires.

— Les courriers convoyeurs et auxiliaires, les entreposeurs, courriers d'entreprise et postulants-facteurs, chargés d'un service de transport des dépêches, sont tenus de
porter l'uniforme ou les insignes réglementaires dont la
description est donnée par l'appendice N° 2 de l'Instruction générale.

Les agents supérieurs chargés de l'inspection, les receveurs et les brigadiers-facteurs, doivent tenir la main
à ce qu'aucun des sous-agents et courriers désignés ci-
dessus ne s'écarte des prescriptions formelles de l'administration à ce sujet.

Toute infraction à ces prescriptions doit donner lieu à
un rapport suivi, par voie d'information, par le chef de
service.

§ III. — Organisation des Correspondances
(service intérieur).

366. Documents du service intérieur relatifs à l'organisation des correspondances. — Les documents de service, relatifs à l'organisation des correspondances, qui doivent exister dans chaque bureau sont les suivants :

1° Le règlement intérieur N° 1143 pour les bureaux composés, ou 1143 *bis* pour les bureaux simples ;

2° L'avis au public N° 178 *ter* (extrait du règlement intérieur), affiché au-dessus de la boîte du bureau, dans un cadre vitré et grillagé ;

3° L'Etat au tableau N° 155 relatif à l'expédition et à la réception des dépêches ;

4° Les nomenclatures N° 1076, du bureau et des bureaux correspondants, indiquant toutes les localités portant un nom particulier qui forment l'arrondissement postal de ces bureaux ;

5° Les ordres de service de toute nature qui ont apporté des modifications dans l'organisation primitive du service.

Tous ces documents doivent être constamment tenus au courant des changements survenus ; ils sont établis ou contrôlés à la direction départementale, aussi semble-t-il nécessaire de consacrer un article à chacun d'eux.

367. Règlements intérieurs N° 1143 et 1143 bis. — Extrait N° 1143 ter. — Les opérations de tout établissement de poste, ou de tout bureau fusionné, sont assujetties à un règlement arrêté par le Directeur, le receveur entendu.

Ce règlement porte le N° 1143 pour les recettes composées, et le N° 1143 *bis* pour les bureaux simples.

Le règlement intérieur de chaque bureau est conservé, en minute, à la direction, au dossier d'organisation de l'établissement qu'il concerne.

Une copie doit être adressée par le Directeur, chaque fois que ces documents subissent des modifications, à la *direction des services sédentaires, premier bureau ;* un extrait portant le N° 1143 *ter* est *en même temps établi pour la même direction du Ministère, bureau de la distribution.*

368. Avis au public N° 178 ter. -- L'avis N° 178 *ter* est un extrait du règlement intérieur en ce qui concerne les heures d'ouverture du bureau, les heures de clôture des affranchissements pour chaque départ, les heures d'arrivée et de départ des courriers, avec indication des points principaux desservis par chacun d'eux. Le tableau N° 178 *ter* indique en outre le nombre des distributions effectuées et le moment où chacune d'elles commence. Il est établi en deux expéditions signées par le Directeur ; l'une des expéditions est affichée, dans un cadre spécial, auprès de la boîte du bureau qu'elle concerne.

369. Tableau des correspondances N° 155. — Le tableau des correspondances N° 155 sert à indiquer l'acheminement des dépêches à expédier et à recevoir par le bureau ; il est en conséquence divisé en deux parties, *expédition et réception,* qui mentionnent les bureaux correspondants, l'heure et le mode d'expédition et de réception des dépêches, enfin la désignation des courriers chargés de les emporter ou de les remettre.

Le tableau N° 155 est également établi en deux expéditions approuvées par le Directeur ; l'une est classée au dossier d'organisation, l'autre est adressée au bureau intéressé.

370. Nomenclatures N° 1076. — Les nomenclatures N° 1076 donnent la liste complète, par ordre alphabétique, des communes, villages, hameaux, châteaux, usines, fermes et généralement tout écart portant un nom particulier qui forment l'arrondissement postal d'un bureau.

Chaque bureau doit posséder la nomenclature 1076 des bureaux avec lesquels il correspond directement; un extrait de ces nomenclatures, établi sur un carton résistant, est placé dans le casier du départ pour faciliter les opérations de tri.

Lorsque par suite de création, ou pour toute autre cause, deux bureaux du même département ou de départements différents sont mis en correspondance directe, l'échange des nomenclatures N° 1076 se fait par l'intermédiaire des directeurs, chargés d'en contrôler l'exactitude.

371. Ordres des services concernant l'organisation des correspondances. — Il appartient aux directeurs de proposer au Ministère, par des rapports spéciaux et motivés, adressés sous le timbre de la *direction des correspondances postales,* la suppression ou la création de dépêches, ainsi que toutes modifications qu'ils croient utile d'apporter dans l'organisation des correspondances.

A cet effet, ils doivent se tenir au courant des changements qui peuvent survenir dans la marche des trains de chemin de fer et de l'époque probable d'ouverture des lignes ou sections de lignes en construction intéressant leur département.

Après examen des rapports qui lui sont adressés par les chefs de service, l'administration leur transmet directement les ordres de service qu'elle a adoptés et qui sont immédiatement notifiés aux bureaux intéressés.

Les ordres de service provenant du Ministère sont généralement collectifs, et doivent être, par suite, de la part des directeurs chargés de les scinder, l'objet d'un sérieux examen.

Afin d'éviter des erreurs qui pourraient compromettre la ponctuelle exécution de ces ordres, il semble essentiel de collationner et pointer avec soin, sur l'original, les extraits destinés à chaque bureau.

Les ordres de service concernant l'organisation portent principalement sur les différents points suivants :

Changements dans la marche des trains et des courriers ; changements dans l'acheminement des correspondances ; suppression, création de dépêches ou changements dans leur acheminement. Ils sont notifiés aux préposés : sur formules N° 305, en ce qui concerne la marche des trains et des courriers ; sur formules N° 391 *bis*, en ce qui concerne l'acheminement des correspondances ; et enfin, sur formules N° 391 *ter*, lorsqu'il s'agit de création, de suppression de dépêches ou de changements dans leur acheminement.

Dans tous les autres cas, et entre autres lorsqu'il s'agit des autorisations accordées aux éditeurs de remettre directement, en gare, aux agents de l'administration, lenrs journaux périodiques pour être livrés, à découvert, comme dépêches supplémentaires, aux courriers intermédiaires ou aux bureaux destinaires, *on se sert exclusivement de la formule générale N° 391.*

372. Classement des ordres de service à la direction. — Les ordres de service provenant de l'administration et destinés à la direction départementale, chargée de les notifier aux bureaux intéressés, sont classés, par ordre chronologique, dans un dossier spécial où ils peuvent être compulsés en toute occasion.

Chaque ordre de service particulier est transmis au bureau qu'il concerne, avec une formule en blanc remplie et visée par le préposé intéressé qui la renvoie au directeur pour être classée au dossier d'organisation de son bureau.

§. III. — Organisation du service de la distribution.

373. État d'organisation N° 677. — L'organisation du service de la distribution à domicile est décrite, pour chaque bureau, sur un état N° 677 établi en triple expédition par le directeur et soumis à l'approbation du Ministère. Une des expéditions de cet état est conservée par la *direction des services sédentaires, bureau de la distribution ;* les deux autres sont renvoyées au directeur qui en annexe une aux dossiers d'organisation et transmet la troisième au receveur du bureau qu'elle concerne.

L'état d'organisation N° 677 fait connaître, dans son premier tableau, les heures de réception et d'expédition des principaux courriers ; il résume, dans son deuxième tableau, le service des facteurs de ville ou locaux, ainsi que les conditions particulières de chaque distribution, s'il y a lieu ; le troisième tableau est affecté à l'organisation du service rural et contient, d'une façon sommaire, tous les renseignements utiles à bien définir l'exécution normale de ce service. Chaque fois qu'un changement survient dans l'organisation d'un bureau, au point de vue de la distribution à domicile, l'état N° 677 doit être renouvelé.

374. Désignation des sous-agents chargés de

la distribution des correspondances. — Ces sous-agents sont :

1° Les *facteurs de ville*, placés dans les recettes composées et chargés de la distribution dans la commune siège du bureau ;

2° Les *facteurs-boîtiers*, qui joignent à une partie des attributions des receveurs l'exécution du service de la distribution à domicile dans la commune où ils exercent leurs fonctions;

3° Les *facteurs locaux* qui distribuent et opèrent les levées de boîtes dans la commune siège d'un bureau simple;

4° Enfin, les *facteurs ruraux* qui sont chargés du service de la distribution et de la levée des boîtes dans les communes rurales dépendant du bureau auquel ils sont attachés. Ils peuvent être chargés, en tout ou en partie, lorsque les circonstances l'exigent, du service de la distribution locale.

375. Documents de service et objets de matériel à l'usage des facteurs. — Les facteurs des postes de toute classe sont pourvus des documents de service ci-après désignés qu'ils doivent tenir en bon état de conservation :

1° Une instruction spéciale à leur service ;

2° Un carnet des changements de résidence N° 135 *bis*, dont les résultats doivent être reportés par les receveurs sur le registre N° 135 de leur bureau ;

3° Un bulletin d'itinéraire portant le N° 540 *bis* pour les facteurs de ville et locaux, et le N° 540 pour les facteurs ruraux.

Les facteurs doivent en outre être porteurs de la boîte, du sac ou portefeuille devant contenir les correspondances à distribuer ou à recueillir; de la clé des boîtes aux lettres à lever ; d'encre à écrire et à timbrer ; d'un tampon, d'un timbre O R à appliquer sur les correspondances d'origine rurale, ou d'un timbre O L à appliquer sur les correspondances d'origine locale remises à la main. Ils doivent aussi être approvisionnés de timbres-poste dont ils font l'avance, et, en ce qui concerne les facteurs locaux et ruraux seulement, de chiffres-taxes (dont ils rendent tous les jours compte de l'emploi), destinés à être appliqués sur les correspondances non affranchies recueillies et distribuées en cours de tournée.

376. Traitement des facteurs de ville et base de fixation des traitements des facteurs locaux et ruraux. — Les facteurs de ville seuls jouissent d'un traitement défini et concourent à l'avancement; leur traitement de début est de 900 francs, ils peuvent arriver, par avancements successifs, à une rétribution *maximum* de 1500 francs.

Les facteurs-boîtiers reçoivent un salaire annuel uniformément fixé à 820 fr.

Les facteurs locaux et ruraux sont payés proportionnellement à l'étendue de leur parcours, et à raison de 0. 07 centimes par kilomètre. Pour les premiers il est admis qu'une heure de service équivaut à un parcours de quatre kilomètres ; pour les seconds, l'étendue de leur parcours est dé'erminée par la distance en kilomètres du bureau aux différents points desservis, d'après l'étude Nº 525 dont il sera question plus loin et suivant l'échelle ci-après.

377. Échelle des traitements des facteurs locaux et ruraux.

ÉCHELLE DES TRAITEMENTS

DES FACTEURS LOCAUX ET RURAUX

Calculés sur le pied de 7 centimes par kilomètre parcouru,
à raison de 365 jours de marche.

Nombre de kilomètres parcourus.	Fixation des traitements en chiffres ronds, par nombres multiples de 10.				
	Par an.	Par mois.		Par jour.	
kilom.	fr.	fr.	c.	fr.	c.
5	130	10	83	0	36
6	160	13	33	0	44
7	180	15	00	0	50
8	210	17	50	0	58
9	230	19	16	0	63
10	260	21	66	0	72
11	290	24	36	0	80
12	310	25	83	0	86
13	340	28	33	0	94
14	360	30	00	1	00
15	390	32	50	1	08
16	410	34	16	1	13
17	440	36	66	1	22
18	460	38	33	1	27
19	490	40	83	1	36
20	520	43	33	1	44
21	540	45	00	1	50
22	570	47	50	1	58
23	590	49	16	1	63
24	620	51	66	1	72
25	640	53	33	1	77
26	670	55	83	1	86
27	690	57	50	1	91
28	720	60	00	2	00
29	750	62	50	2	08
30	770	64	16	2	13
31	800	66	66	2	22
32	820	68	33	2	27

378. Bulletins d'itinéraire des tournées de de ville, locales et rurales, Nos 540 et 540 bis.

— L'itinéraire que doivent suivre, en tout temps, les facteurs de ville pour effectuer leurs distributions, est tracé, suivant l'ordre de marche indiqué par l'état d'organisation N° 677, quartier par quartier et rue par rue, snr un bulletin N° 540 *bis*.

L'itinéraire des facteurs locaux est tracé sur un bulletin semblable.

Enfin, les bulletins N° 540 donnent la nomenclature complète des écarts des tournées rurales, suivant l'ordre que le facteur devrait observer pour les desservir s'il avait un objet de correspondance à remettre dans chacun d'eux.

Les bulletins types d'itinéraire N°⁸ 540 et 540 *bis* sont conservés à la direction dans les dossiers d'organisation.

L'itinéraire des facteurs de ville et locaux est réglé par le directeur, le titulaire du bureau entendu; le nombre des distributions des facteurs de ville, locaux et ruraux, ainsi que l'itinéraire de ces derniers, sont arrêtés par l'administration sur la proposition du Directeur.

379. Étude pour l'organisation du service de la distribution ou pour la modification de l'organisation existante. — Les modifications de tournées, provoquées par la convenance d'améliorer le service établi ou par la création de nouveaux établissements de poste, sont instruites sur une formule N° 525 fournissant à l'administration tous les éléments d'appréciation nécessaires sur l'organisation proposée.

La formule 525, accompagnée au besoin d'un rapport spécial, contient, en huit tableaux, les renseignements suivants :

* Dans le tableau N° 1, le directeur fait ressortir le résultat financier de la proposition qui se traduit par une économie ou une dépense, selon le cas; le deuxième

tableau est affecté à la statistique de la commune siège du bureau, en tant que superficie et population; le troisième tableau donne les heures de réception et d'expédition des courriers; le tableau N° 4 concerne la statistique et la situation administrative des communes dont le service doit être modifié; le tableau n° 5 a trait à l'organisation du service local existant, comparée au tableau N° 5 *bis* relatif à l'organisation proposée; enfin, les tableaux N°ˢ 6 et 6 *bis* donnent la même comparaison pour le service rural.

En un mot, les tableaux N°ˢ 5 et 6 de la formule N° 525 ne sont que la copie de l'état d'organisation N° 677 existant; tandis que les tableaux N°ˢ 5 *bis* et 6 *bis* doivent servir à établir le nouvel état d'organisation.

380. Croquis des tournées locales et rurales, et autres pièces à joindre aux études d'organisation. — Les études d'organisation N° 525 sont accompagnées de deux croquis établis d'après la carte de l'état-major ou une autre carte équivalente. L'un de ces croquis représente le service actuel; l'autre l'organisation proposée, avec indication, dans les deux documents, des distances kilométriques parcourues et à parcourir calculées, sur la carte dont on s'est servi, au moyen du compilomètre.

Sur les croquis chaque tournée locale ou rurale est déterminée au moyen de lignes droites ou brisées formant flèches, passant par tous les principaux points desservis par les facteurs.

Indépendamment des deux pièces sus-désignées, le directeur doit joindre à sa proposition : 1° le modèle de l'état d'organisation à intervenir, le cas échéant ; 2° les modèles des bulletins d'itinéraire, N°ˢ 540 ou 540 *bis*, à établir après approbation du Ministère.

*A moins d'empêchements topographiques, l'ordre
de la distribution, dans les communes rurales, doit
être fixé suivant l'importance de leurs produits postaux constatés par la statistique N° 417, en donnant
la priorité aux communes dont les produits sont le
plus élevés.*

**381. Révision dès tournées et propositions
d'augmentation de traitement des facteurs locaux et ruraux — deuxièmes levées des boîtes.**
— Ainsi qu'il a été dit ci-dessus (art. 375) les facteurs
locaux et ruraux sont rétribués suivant l'importance de
la tournée dont ils sont titulaires. Lorsque, pour une
cause quelconque, leur parcours, primitivement fixé par
l'état d'organisation, se trouve augmenté d'une façon
normale, il y a lieu de procéder comme suit à la révision des tournées dont le service s'est aggravé :

Le directeur fait établir, pendant dix jours, par le titulaire du bureau dont dépendent les tournées à réviser, le
relevé exact des localités que les facteurs auront réellement à parcourir chaque jour, à l'aller et au retour, avec
indication des distances intermédiaires existant entre
chacune d'elles. Un relevé spécial, établi à la main, est
dressé par journée, par le préposé. Chaque relevé journalier doit être certifié conforme par les autorités des communes desservies et revêtu du cachet de la mairie. A l'expiration de la dizaine, les relevés ainsi établis et certifiés, sont transmis à la direction qui doit les soumettre
à l'examen du service vicinal pour le contrôle des distances. Le directeur rectifie, s'il y a lieu, les relevés entachés d'erreur et totalise ensuite, par tournée, les parcours
effectués pendant dix jours ; le dixième de la somme est
considéré comme représentant le parcours quotidien qui
doit déterminer le traitement dû au facteur.

La révision, sur place, des tournées de toute nature est une des attributions essentielles des brigadiers facteurs ; il en sera du reste question au chapitre de la troisième partie qui concerne le service de ces sous-agents.

Normalement, les tournées locales et rurales ne doivent pas excéder huit heures de marche, c'est-à-dire trente-deux kilomètres de parcours. Lorsque, par suite d'une révision, il est reconnu qu'une ou plusieurs tournées excèdent ce *maximum*, il y a lieu de procéder d'office à une étude pour leur dédoublement, On se sert pour cette opération de la formule N° 525 à laquelle sont joints le rapport motivé du directeur, les relevés de parcours ainsi que les croquis du service actuel et du service proposé

Dans toute étude d'organisation ou de réorganisation de la distribution à domicile, le directeur ne doit pas perdre de vue que les intentions du Ministère sont d'arriver à doter successivement toutes les communes rurales d'une deuxième levée de boîte, que cette deuxième levée doit être prévue chaque fois que le service d'un facteur lui permet de faire un séjour d'une heure au siège de la commune point extrême, et que son retour peut s'effectuer en revoyant les boîtes levées à l'aller.

382. Frais de passage d'eau ou autres et déviations imposées aux facteurs. — Dans le décompte du salaire des facteurs ne sont point compris les frais de passage d'eau, par un moyen quelconque comportant rétribution, ni les déviations qui peuvent leur être imposées par des circonstances accidentelles.

Les indemnités pour frais habituels sont régulièrement liquidées par semestre, d'après un état N° 299 établi par le directeur et accompagné des pièces justificatives. Cet état est annexé, en juillet et en janvier, à l'état N° 299 *septiès* établi pour ces mois.

Les frais accidentels sont au contraire liquidés mensuellement sur le vu des états N° 299 *septiès* dressés à ce sujet et accompagnés des justifications nécessaires.

Les indemnités pour déviations, liquidées de la même façon, sont basées sur le taux de 0.07 centimes par kilomètre.

383. Service de la distribution assuré d'urgence. — Sur l'avis motivé du receveur du bureau intéressé que le service de la distribution peut, pour une cause quelconque, être compromis à son bureau, le Directeur l'invite à assurer d'urgence ce service aux meilleures conditions possibles, s'il ne peut être réparti entre les sous agents en fonctions.

Dans ce cas, les avances faites pour suppléments de salaire alloués aux intérimaires sont liquidées mensuellement au moyen d'une formule N° 299 *octiès* accompagnée des pièces justificatives.

384. Bulletin mensuel N° 1124 de la distribution à domicile. — Le premier samedi de chaque mois les receveurs font un extrait, d'après leur calepin N° 1124 *bis*, du nombre des objets de toute nature emportés par les facteurs de leur bureau pour être distribués.

Cet extrait porte le N° 1124, il est établi et adressé au Directeur, en trois expéditions qui, après avoir été contrôlées à la Direction, sont expédiées la deuxième semaine de chaque mois ; la première *à la direction des services sédentaires, bureau de la distribution* ; la deuxième *à la direction des correspondances postales, bureau de la correspondance intérieure.* La troisième est classée dans les archives de la direction départementale.

385. Distribution au guichet de la correspondance privée. — Le directeur peut autoriser, si les convenances du service le permettent et moyennant indemnité, la distribution au guichet des correspondances adressées à un particulier.

Cette autorisation donne droit aux fonctionnaires de la localité de jouir gratuitement du même avantage.

Toutefois, dans l'avis qu'il donne de la concession d'une boîte à titre onéreux, le directeur doit faire connaître que la remise des correspondances coïncidera avec la mise en tournée des facteurs, et que cette autorisation, qui prend ainsi le caractère d'une exception, pourra être retirée en cas de contestation ou d'abus, ou encore si elle ne peut plus se concilier avec les exigences du service.

Dans les bureaux composés les commis ont droit à la répartition de la moitié du produit des boîtes concédées.

386. Distribution exceptionnelle au guichet. — Lorsque l'organisation du service de la distribution à domicile est insuffisante, c'est-à-dire lorsque l'arrivée normale d'un courrier important ne coïncide pas avec le règlement des heures de distribution, ou encore lorsqu'un courrier est retardé par un accident quelconque, les correspondances apportées par ces courriers peuvent être délivrées aux destinataires, dans la forme prévue pour les lettres adressées poste restante. Les cas signalés ci-dessus sont exceptionnels, aussi les directeurs et les agents vérificateurs doivent-ils tenir la main à ce que les préposés sous leurs ordres ne mettent pas en oubli les prescriptions du ministère à ce sujet.

§ IV. — Service extraordinaire de la distribution
a domicile et des levées de boites dans les localités ou se produit, chaque année, une grande
affluence de visiteurs.

**387. Avis à donner au Ministère des services
extraordinaires de distribution à prévoir.** —
Losqu'une localité est, pour une cause quelconque (¹),
visitée chaque année et pendant une période définie par
un grand nombre d'étrangers, le directeur doit prévoir, deux mois au moins à l'avance, les moyens à employer pour assurer, d'une façon régulière, le service de la
distribution à domicile des correspondances postales et
télégraphiques, ainsi que les levées des boîtes supplémentaires.

Les propositions qu'il y a lieu d'adresser à l'Administration, dans ce cas particulier, sont établies sur formules N° 525 *ter* transmises en temps opportun au Ministère, *sous le timbre de la Direction des services sédentaires, bureau de la distribution*. Elles doivent être
accompagnées, au besoin, d'un rapport détaillé sur l'ensemble du service extraordinaire à exécuter.

**388. Renseignements à consigner sur les
formules d'étude N° 525 *ter*. — Bureaux temporaires.** — La formule N° 525 *ter* est divisée en deux
parties principales distinctes :

La première partie, exc. sivement réservée aux
renseignements statistiques, contient: *Au tableau N° 1,
la désignation de la localité, l'indication des causes*

---

(1) Les principales causes qui motivent l'affluence de svisiteurs, sont :
Les eaux thermales et minérales, les bains de mer, la villégiature,
les foires, marchés, camps, campements, pèlerinages, le tourisme, etc.

qui motivent l'affluence des visiteurs, le temps pendant lequel a lieu cette affluence, la population en temps ordinaire et le nombre des visiteurs pendant l'année précédente; au tableau N° 2, *les heures d'arrivée et de départ des courriers*; au tableau N° 3, *le service de la distribution postale en temps ordinaire;* au tableau N° 4, *le service, en temps ordinaire, de la distribution des télégrammes.*

La deuxième partie est réservée aux mesures temporaires proposées pour assurer ou améliorer le service. Elle est divisée en cinq tableaux qui contiennent tous les éléments d'appréciation.

Le premier fournit tous les renseignements nécessaires concernant le service postal *(adjonction de facteurs auxiliaires. Concession de distributions supplémentaires et établissement de boîtes temporaires, au besoin. Allocation d'indemnités éventuelles aux facteurs dont le service se trouve aggravé.*

Le deuxième indique les mesures à prendre pour assurer la distribution des télégrammes (adjonction de facteurs temporaires).

Le troisième donne la désignation des tournées rurales modifiées temporairement par l'adjonction d'auxiliaires.

Le quatrième est réservé aux observations diverses.

Le cinquième enfin, résume les propositions et fait ressortir le montant des indemnités proposées et reconnues nécessaires pour assurer le service extraordinaire

LE MINISTÈRE FAIT CONNAITRE SES DÉCISIONS AU DIRECTEUR AU MOYEN DE FORMULES N° 525 *quater* PORTANT OUVERTURE DES CRÉDITS DEMANDÉS.

Lorsque la nécessité d'un bureau temporaire s'impose *(service des stations thermales et balnéaires)*, il est procédé aux études comme s'il s'agissait d'un *bureau municipal ordinaire (Voir les § suivants: Demandes et concessions d'établissements de poste et télégraphe.)*

<h3>§ 5. — DEMANDES D'ÉTABLISSEMENTS DE POSTE ET DE BOITES AUX LETTRES SUPPLÉMENTAIRES. — RÉPARATION ET ENTRETIEN DES BOITES RURALES.</h3>

389. Demandes d'établissements de poste de l'Etat. — Toute demande d'établissement de poste de l'Etat doit être l'objet d'une délibération du conseil municipal de la Commune impétrante, et au besoin, des délibérations conformes des conseils municipaux des communes ayant intérêt ou ayant demandé à être rattachées au bureau projeté.

La copie de ces délibérations ne peut être reçue et réclamée que par l'intermédiaire de l'autorité préfectorale.

Des vœux peuvent être et sont souvent exprimés, pour l'obtention d'un bureau, par le conseil général en cession, par le conseil d'arrondissement et même isolément par les membres de ces conseils ou par de simples particuliers; mais la réalisation de ces vœux n'en est pas moins soumise aux délibérations dont il vient d'être question et sans lesquelles le directeur ne peut commencer l'étude.

390. Etudes N° 525 bis pour la création des établissements de poste et pièces à l'appui. — Toute demande de création de bureau de poste, dûment réclamée par les délibérations approuvées dont il est parlé ci-dessus, donne lieu d'établir d'office, par les soins du Directeur départemental, les documents suivants devant servir à déterminer son rang parmi les demandes de même nature.

Ces documents sont :

1° Un relevé statistique N° 417 *sexiés* présentant, par chaque commune intéressée, le mouvement des correspondances, par nature, observée pendant deux semaines consécutives et le revenu postal net de ces correspondances ;

2° La copie des statistiques postales N° 417 dont il a été question à l'article 285 résumant les résultats du relevé 417 *sexiés* et donnant en outre, tous renseignements utiles sur l'étendue, la population, la topographie, les produits et les droits de chaque commune intéressée ;

3° L'état N° 226 ou 226 *bis*, suivant le cas, relatif aux moyens à employer pour le transport des dépêches et aux dépenses qui s'ensuivent ;

4° Le croquis ou tracé à l'échelle de $\frac{1}{160000}$ des bureaux et des tournées existant dans un rayon de douze kilomètres de la commune impétrante, ainsi que le tracé de l'organisation du service local et rural du bureau projeté, si cette création doit apporter des modifications dans les tournées.

5° Enfin le projet de règlement intérieur N° 1143 *bis* devant régir le service du bureau, ainsi que le projet de l'état N° 155 relatif à l'acheminement et à la réception des dépêches.

Les pièces désignées ci-dessus sont résumées dans une formule N° 525 *bis* contenant : dans le tableau n° 1, les renseignements particuliers sur la commune devant être siège du bureau ; dans le tableau n° 2, la désignation des communes qui consentent ou qui pourraient avoir intérêt à être desservies par l'établissement sollicité ; dans le tableau n° 3, la désignation, s'il y a lieu, des communes devant être forcément rattachées à l'arrondissement postal du bureau à créer ; dans le tableau n° 4, le nombre de points attribués à la demande et dvant déterminer son rang d'importance dans le classement général.

Dans le classement il est tenu compte de deux points par cent habitants ; de dix points par cent francs de produits postaux ; de deux points par chaque kilomètre excédant quatre kilomètres de distance du bureau le plus rapproché, et en outre de vingt cinq points si la commune est chef-lieu de canton.

Le 5° tableau de la formule N° 525 *bis* donne l'évaluation approximative des recettes et des dépenses de l'établissement en projet.

Il est essentiel de joindre à l'appui de la formule N° 525 bis, outre les pièces ci-dessus, les délibérations des conseils municipaux des communes intéressées et une attestation de l'agent-voyer en chef du département faisant connaître rigoureusement la distance de la commune impétrante du bureau qui la dessert et du bureau le plus rapproché.

391. Demandes et études concernant les recettes de poste dites « municipales » et les établissement de facteurs-boîtiers « municipaux ». — La solution donnée par le Ministère aux demandes d'établissements de poste formées par les communes est d'autant plus prompte que ces dernières ont, par leurs délibérations, consenti à de plus grands sacrifices.

En effet, aux termes des arrêtés des 15 mars et 15 juin 1879, des bureaux de poste, dénommés « *Recettes municipales* » en ce qui concerne les établissements de plein exercice, et « *facteurs-boîtiers municipaux* », en ce qui touche les établissements secondaires, peuvent être concédés à toutes les communes qui en font la demande, *sous la condition expresse qu'il n'en résultera temporairement aucune dépense nouvelle pour le Trésor.*

Les études pour ces bureaux spéciaux sont établies, comme celles des bureaux de l'Etat, sur des formules Nº 525 *bis* auxquelles doivent être annexées les pièces suivantes, sans préjudice de celles désignées à l'article précédent :

Pour les établissements de plein exercice :

1º L'engagement, pris par délibération approuvée, de fournir gratuitement le local nécessaire à l'exploitation du service et au logement du titulaire; de subvenir à tous les frais d'installation, de chauffage, d'éclairage et dépenses accessoires ; d'assurer, sans frais pour l'administration, le service du transport des dépêches ; et de verser enfin, au Trésor, une somme annuelle représentant les dépenses de personnel et de matériel devant résulter du fonctionnement du bureau.

2º Un modèle signé de la convention à intervenir qui ne devient définitive qu'après acceptation du Ministère.

DANS CETTE CONVENTION LE TRAITEMENT DU TITULAIRE EST FIXÉ AU MINIMUM, SOIT 800 FR., ET LES FRAIS ACCESSOIRES SONT COMPTÉS POUR 185 FRANCS.

Le montant de la subvention est payable d'avance, par moitié, au commencement de chaque trimestre.

Pour les établissements secondaires :

1º Un engagement semblable à celui ci-dessus décrit, sauf ce qui concerne le traitement du titulaire restant à la charge de l'Etat puisque, dans ce cas particulier, il ne s'agit généralement que d'une transformation d'emploi.

Cependant, si la création d'un emploi de facteur était subordonnée à la concession du bureau, la commune devrait prendre à sa charge le traitement du facteur-boîtier municipal, fixé à 760 fr. par l'arrêté du 30 mars 1870.

2º La convention signée qui ne devient définitive qu'après approbation du Ministère.

392. Demandes et établissement de boîtes aux lettres supplémentaires. — Toute demande de concession de boîte supplémentaire doit être l'objet d'une délibération du Conseil municipal de la commune par laquelle elle est demandée.

L'étude est établie sur formule N° 1176 fournissant toutes les indications propres à renseigner utilement l'administration, et contenant, avec les conclusions du directeur, les motifs de la demande.

Lorsque la création d'une boîte supplémentaire n'occasionne aucun surcroît de parcours pour le facteur chargé de la lever, elle est concédée sur le simple engagement pris par la Commune de payer les frais d'achat, de pose et d'entretien.

Si, au contraire, cette concession entraîne un surcroît de parcours, la commune doit en outre consentir à payer au facteur une indemnité, basée sur ce surcroît et à raison de sept centimes par kilomètre.

AVIS DE LA MISE EN ACTIVITÉ DES NOUVELLES BOITES SUPPLÉMENTAIRES DOIT ÊTRE DONNÉ AU MINISTÉRE, SOUS LE TIMBRE DE LA DIRECTION DES SERVICES SÉDENTAIRES, BUREAU DE LA DISTRIBUTION.

LES DEMANDES DE BOITES DESTINÉES AUX GARES DOIVENT FAIRE L'OBJET D'UN RAPPORT SPÉCIAL DUMENT MOTIVÉ, ADRESSÉ A LA DIRECTION DES CORRESPONDANCES POSTALES, BUREAU DE LA CORRESPONDANCE INTÉRIEURE.

Lorsque le Directeur a reçu l'avis de concession d'une boîte supplémentaire quelconque, il en informe le maire de la commune intéressée, au moyen de la formule N° 281 *ter*, en l'invitant à verser le prix de cette boîte entre les mains du receveur des postes, lequel a lui-même reçu un avis N° 281 lui donnant ordre d'établir un mandat d'article d'argent au nom du fournisseur de l'administration.

Ce mandat est envoyé au Directeur accompagné d'une demande extraite du registre à souche N° 766 *bis*.

Mandat et demande sont joints, par le Directeur, à une formule N° 281 *bis*, puis transmis au bureau du matériel.

393. Réparation et entretien des boîtes rurales.

— L'entretien et la réparation des boîtes rurales incombent à l'administration dont elles sont la propriété. S'il s'agit de la remise en peinture seulement, ce travail est confié aux facteurs à raison de 1 fr. 25 par boîte ; une plaque découpée, portant les mots : « Boîte aux lettres » est mise à leur disposition par le Directeur. Lorsqu'il s'agit de réparations, elles sont confiées, sous la surveillance du facteur ou du préposé du bureau, à un ouvrier de la localité avec lequel le prix est débattu.

Les mémoires sont établis sur formules N° 925, payés par les préposés après quittance des parties prenantes, visés par les maires, puis transmis au Directeur qui en fait rembourser le montant par le receveur principal. Ce dernier conserve, comme valeur en caisse, l'ordre de remboursement du Directeur jusqu'à ce qu'il soit couvert de son avance par un mandat de dépenses publiques. Le mandat en question est établi tous les trimestres, d'après l'état récapitulatif N° 925 *bis* établi par le Directeur et revenu approuvé du Ministère.

§ VI. — Demandes et concessions de bureaux télégraphiques ou mixtes (¹).

394. Etablissement des demandes. — Règles à observer à leur sujet.

— Les demandes d'établissement de bureaux télégraphiques ne peuvent être for-

---

(1) L'adjonction, par suite de création, du service télégraphique cu service postal, donne lieu aux mêmes études et formalités que la création des bureaux télégraphiques municipaux.

m*es que par les maires des communes intéressés et par l'intermédiaire de l'autorité préfectorale qui les fait parvenir au Directeur départemental avec son avis.

Aussitôt qu'une demande de l'espèce lui est régulièrement parvenue, le Directeur en donne avis au *Ministère, sous le timbre de la Direction des services sédentaires, 2° bureau*, et doit attendre, pour commencer l'instruction, l'autorisation de l'administration.

395. Mise à l'étude des demandes de bureaux télégraphiques. — Aussitôt après en avoir reçu l'autorisation du Ministère, le Directeur procède, de concert avec son collègue du service technique qui a lui-même reçu des instructions à ce sujet, aux études préliminaires du projet.

Le service technique a pour mission spéciale de déterminer le tracé de la ligne et d'évaluer les dépenses de construction, ou de pose des nouveaux fils si la ligne existe déjà.

De son côté le Directeur départemental fait établir, à l'échelle de $\frac{1}{100}$, le plan du local proposé, après s'être entendu avec l'ingénieur au sujet des modifications à apporter pour l'installation des appareils et l'aménagement du bureau projeté. Il établit encore une évaluation, aussi rigoureuse que possible, des dépenses imputables à la commune impétrante.

Les résultats de ces études préliminaires sont soumis au Préfet, par un rapport spécial du Directeur départemental dans lequel il précise les divers engagements auxquels doit souscrire la commune intéressée, savoir :

1° *Vote de la totalité des fonds de concours, avec fixation de la date des payements* (¹).

---

(1) Les fonds de concours sont basés comme suit :

1° Pour les communes non chefs-lieux de canton, 100 fr. par kilom.

2º Pour les communes non chef-lieu de canton, *rôle d'une somme de 500 fr. destinée à couvrir les frais d'installation des appareils.*

3º *Promesse de solder, le cas échéant, les dépenses d'agrandissement ou d'aménagement du bureau de poste.*

4 *Engagement explicite et formel de pourvoir aux dépenses de distribution des télégrammes,* le maire ayant à s'entendre directement avec le receveur pour le choix et le salaire du porteur des dépêches.

396. Envoi au Ministère des délibérations prises à la suite des études préliminaires. —

Aussitôt après avoir reçu du préfet la délibération du conseil municipal de la commune intéressée, le directeur la transmet au *Ministère, direction des services sédentaires,* accompagnée : 1º du plan du local concerté avec l'ingénieur ; 2º d'une formule de questionnaire Nº 210 dont la première partie a été dûment remplie.

Le directeur prend en même temps les mesures nécessaires pour faire procéder, s'il y a lieu, à l'instruction professionnelle de l'agent qui devra être chargé de la gestion du bureau dont la création est sollicitée.

397. Mise en activité des bureaux créés. —

Après avoir reçu du Ministère l'avis de création accompagné de la formule Nº 210 approuvée, le Directeur s'entend avec les autorités locales pour la fixation de la date d'ouverture du bureau.

Avis de cette date est donné à l'administration, savoir:

---

de ligne neuve à construire, et 50 fr. par kilomètre de fils à poser sur appuis existants.

2º Pour les chefs lieux de canton, moitié seulement des dépenses ci-dessus fixées.

le 1ᵉʳ du mois, pour les bureaux devant ouvrir le dix ; et le 16 pour ceux dont l'ouverture doit avoir lieu le vingt-cinq.

Les bureaux télégraphiques ne sont généralement ouverts qu'à ces deux dates.

En même temps qu'il fait connaître la date fixée pour l'ouverture, le directeur transmet de nouveau, au Ministère, la formule N° 210 après en avoir rempli la deuxième partie relative à la gestion du bureau, au local et à l'installation. Cette deuxième partie contient aussi la fixation de la part contributive, l'indication des termes de payement des fonds de concours, la date de l'autorisation de création et celle de l'ouverture; elle est accompagnée d'un plan de la localité indiquant les changements apportés dans la direction des fils, lorsqu'il s'agit d'un simple déplacement de bureau.

§ VII. — INSTALLATION DES BUREAUX. — BAUX. — RENOUVELLEMENT DE BAUX.

893. Installation des bureaux. — Les établissements de poste et de télégraphe doivent être placés au rez-de-chaussée et, autant que possible, situés au centre de la partie agglomérée de la population, sur le passage des courriers et dans des rues ou routes d'accès facile aux piétons et aux voitures.

Indépendamment des pièces principales affectées aux opérations, il doit être ménagé et disposé spécialement un espace, parfaitement clos, destiné à servir de salle d'attente au public. Tous les renseignements généraux sur le double service doivent être placardés dans cette salle qui est en outre pourvue de papier, plumes et encre, nécessaires pour la rédaction des dépêches télégraphiques, des adresses de lettres et des cartes postales.

Le local où s'effectuent les opérations de tri et les divers travaux de manipulation doit être disposé de façon que ces travaux ne puissent être vus du public.

L'attention des chefs de service (de l'exploitation et technique) est spécialement appelée sur ce point qui doit être l'objet d'un examen sérieux lors de leurs conférences au sujet de l'installation des bureaux. La solidité des clôtures, l'établissement de grillages résistants aux ouvertures, sont d'autres points importants auxquels tient essentiellement le Ministère, autant dans l'intérêt du Trésor qu'au point de vue de la sauvegarde des agents.

399. Travaux préparatoires à la passation des baux. — Les baux affermant un immeuble au service des postes et télégraphes sont passés, soit au nom de l'État, directement représenté par le Ministre, soit au nom des titulaires des bureaux qui, dans ce cas, s'engagent pour leurs successeurs éventuels.

Dans l'un et l'autre cas la passation définitive des baux est subordonnée aux travaux préparatoires suivants:

Le Directeur envoie au receveur un questionnaire (formule Nº 156) destiné à recevoir toutes les indications nécessaires pour fixer l'administration.

A la réception de cette pièce, dûment remplie et appuyée d'une déclaration de l'autorité municipale constatant la convenance du local, le Directeur contrôle lui-même, ou fait contrôler par un inspecteur, les renseignements fournis. Il fait établir ensuite : 1º le plan du local proposé, à l'échelle de 0,01º pour mètre, tant en ce qui concerne les pièces affectées au service que celles devant former le logement particulier du titulaire. 2º Un projet de bail, sur papier simple, conforme au modèle adopté par l'administration et reproduit sur la formule Nº 153. 3º Un plan de la partie agglomérée de la commune indiquant l'emplacement du nouveau bureau, et s'il y a lieu, c'est-à-dire en cas de déplacement seulement, celui du local à abandonner. *Le dossier ainsi formé est transmis au Ministère, direction du service central,* qui seul a qualité pour approuver ou improuver la proposition.

400. Passation des baux. — Les baux doivent être établis sur timbre et en double expédition, conformément au projet agréé par l'administration. Ils doivent être enregistrés puis approuvés par le Directeur départemental ou par le Ministre, suivant qu'il s'agit d'un bail passé au nom du titulaire ou au nom de l'État.

(*Lorsqu'il s'agit de baux passés au nom de l'État l'enregistrement est gratuit.*)

Le Directeur fait établir, sur papier libre, deux copies de chaque bail passé. Une de ces copies est transmise à l'Administration, avec l'original du plan; l'autre est conservée par le directeur qui y annexe une copie du plan.

L'original du bail est transmis au propriétaire avec un extrait de la lettre d'autorisation de l'administration; l'expédition timbrée, mentionnant l'enregistrement, est envoyée au receveur, si le bail est passé en son nom. Lorsque le bail est passé au nom de l'État, cette expédition timbrée est destinée à appuyer le premier mandat délivré au nom du propriétaire.

401. Renouvellement des baux. — Le renouvellement des baux donne lieu aux mêmes formalités que celles indiquées par les deux articles précédents, avec cette différence, toutefois, qu'il n'y a pas lieu de produire de nouveaux plans.

402. Déplacement des bureaux. — Lorsqu'il s'agit d'un simple déplacement de bureau, les règles ci-dessus tracées doivent être observées intégralement.

CHAPITRE VI

Affaires diverses.

403. Instructions relatives au service à insérer dans les journaux du département. — Les Directeurs départementaux ont seuls qualité pour requérir à titre onéreux ou gratuit, selon le cas, l'insertion, dans les journaux de leur département, de notes relatives au service des postes et télégraphes. Ces insertions sont, dans tous les cas, prescrites ou autorisées par le Ministère.

Les renseignements généraux sur le double service, extraits des formules N°s 100 et 100 *bis*, doivent être rappelés au public, par la voie de la presse, quelques jours avant le renouvellement de l'année, partout où cette insertion peut être obtenue gratuitement.

404. Autorisation de vente de timbres-poste — Tableau du personnel des préposés à cette vente. — Les Directeurs sont aussi délégués pour délivrer aux particuliers l'autorisation de vendre des timbres-poste; ces autorisations ne doivent être données que lorsqu'elles sont justifiées par l'intérêt public.

Chaque Directeur possède la nomenclature complète,

par circonscription d'établissement de poste, des débitants de tabac et autres préposés à la vente des timbres ; un extrait de ce tableau est déposé entre les mains des receveurs intéressés.

La nomenclature et les extraits ci-dessus désignés sont tenus au courant des modifications au moyen de l'avis que transmet, tous les trois mois, le Directeur des Contributions indirectes à son collègue des Postes et Télégraphes.

Les débitants de timbres-poste sont pourvus d'un carnet d'achat N° 242, visé par le receveur au moment de chaque approvisionnement.

405. Fixation de la moyenne d'approvisionnement des receveurs et facteurs-boîtiers en timbres-poste et chiffres-taxes. — La quotité de l'approvisionnement mensuel des receveurs et des facteurs-boîtiers, en timbres-poste et chiffres-taxes, est fixé par le Directeur le 15 janvier de chaque année.

Cette fixation est basée sur le total de la valeur des timbres-poste vendus et des chiffres-taxes employés pendant l'année précédente, tel qu'il résulte des renseignements consignés sur les carnets de débit N° 252 renvoyés à la direction ; il suffit de prendre le treizième de la somme, pour les timbres-poste, et le treizième du nombre, pour les chiffres-taxes (¹), le mois de décembre étant compté pour deux mois en raison du renouvellement de l'année.

La moyenne d'approvisionnement est notifiée aux préposés sur formule N° 328 ; un double de cette notifica-

---

(1) L'application de l'Inst⁰ⁿ N° 288 modifiera forcément, pour l'année 1883 seulement, la fixation de la moyenne de l'approvisionnement en chiffres-taxes.

tion, lorsqu'elle concerne un facteur-boitier, est transmis au receveur dont il relève, chargé de lui faire l'avance de ces timbres-poste et chiffres-taxes en échange desquels il reçoit un récépissé N° 236 conservé comme valeur en caisse, à titre d'avances autorisées.

Le Directeur établit ensuite, en double expédition et sur formule N° 89, le tableau de la moyenne d'approvisionnement pour tout le département. Une expédition de ce tableau est annexée au compte N° 25 *ter* du mois de janvier; l'autre est conservée à la direction pour servir à contrôler les demandes formées.

406. Demandes de timbres-poste et chiffres-taxes. — Ces demandes sont établies par les receveurs sur formules N° 903 *(vertes)* détachées d'un registre à souche. Il ne peut être fait, par chaque bureau, qu'une seule demande par mois, à moins de circonstances exceptionnelles qui doivent être nettement indiquées.

Après avoir été contrôlées et au besoin modifiées à la direction, les demandes N° 903 sont transcrites sur un livre d'ordre N° 1008 *bis*, puis reportées sur une formule N° 903 *bis* dont une partie est transmise au Ministère — *Direction des services sédentaires — Garde-magasin des timbres-poste*; l'autre partie de cette formule, complètement identique à la première, est envoyée au receveur principal chargé de la répartition par bureau.

A la réception des timbres-poste le Directeur, qui en a reçu avis par lettre N° 901 *bis*, ou son délégué, se rend à la recette principale pour assister à l'ouverture des paquets et à la constatation des quantités reçues.

Le receveur-principal demeure responsable de la répartition dans laquelle le Directeur ou son délégué ne doit pas intervenir.

L'envoi aux bureaux est fait au moyen de formules

N° 963 pour les cartes postales, et N° 961 pour les timbres-poste et chiffres-taxes. C'est après le renvoi de ces documents à la direction qu'il y a lieu de tenir au courant le registre N° 1009 (*voir première partie, article 17, page 36*).

407. Demandes d'imprimés. — Les demandes d'imprimés à l'usage du service des postes sont établies, un mois avant l'épuisement du dernier approvisionnement, sur formule N° 766 détachées d'un registre à souche. Après avoir été visées par le Directeur, elles sont transmises au Ministère — *bureau du matériel* — qui approvisionne directement les bureaux.

Chaque envoi d'imprimés est accompagné d'une formule N° 38 renvoyée au Ministère, après visa, par l'intermédiaire du Directeur.

Les demandes d'imprimés relatifs au service télégraphique ne sont formées qu'une fois par an au moyen de formules A, en ce qui concerne le service des bureaux, et de formules B et C, en ce qui touche le service des directions départementales. Après avoir été examinées et visées par le Directeur, ces formules sont réunies et transmises au Directeur ou inspecteur-ingénieur, *au plus tard le 20 novembre.* Les registres de formules N° 150 destinées à la réception des mandats télégraphiques doivent être compris dans la demande annuelle jusqu'à ce qu'il en soit décidé autrement. Ces registres demeurent en dépôt à la direction départementale.

408. Demandes d'objets de matériel fournis à titre gratuit. — Les objets de matériel, fournis par l'administration à titre gratuit, sont demandés au moyen de la formule N° 766 *bis* (*jaune*) détachée d'un livre à souche. Ces demandes sont transmises, après visa du

Directeur, à son collègue du service technique chargé d'y donner suite et de tenir la comptabilité-matières.

Afin de faciliter les opérations de cette comptabilité, le Directeur, pour son propre service, et les receveurs pour le leur, tiennent un registre à souche N° 249 des mouvements quotidiens du matériel de rechange, et fournissent au service technique, le 2 de chaque mois, la deuxième partie de la page de ce registre d'inventaire afférente aux opérations du mois écoulé.

Les accusés de réception d'objets de matériel sont transmis par les préposés au Directeur du département, qui les renvoie, après visa, à son collègue du service technique.

409. Demandes d'objets de matériel fournis à titre onéreux. — Les objets de matériel, fournis à titre onéreux par l'Administration, aux particuliers et aux agents sont les suivants :

1° *L'Instruction-Générale*	*Prix*	15 *fr.*	»
2° *Le Tarif international des Taxes.*		2	»
3° *Le Manuel des franchises.*		6	»
4° *Le Bulletin mensuel* *Abonnement.*		1	80
5° *Les numéros détachés du Bulletin mensuel.*	*Le numéro.*	»	15
6° *L'Instruction spéciale aux facteurs*		»	15
7° *Les timbres OR et OL. Chaque timbre.*		»	55

Les documents désignés sous les N°ˢ 2, 3, 4 et 5 peuvent seuls être fournis aux particuliers ; les autres objets ne sont fournis qu'aux agents et sous-agents.

Lorsqu'une demande de l'espèce se produit, le receveur doit établir, en double expédition, une déclaration de versement N° 903 qu'il soumet à l'approbation du Directeur. Ce dernier renvoie au préposé une de ces déclarations appuyée d'un ordre d'encaissement N° 273 ; ces deux

pièces doivent être produites à l'appui du bordereau N°
40-32 (article 4, *recettes diverses et accidentelles)* s'il
s'agit de l'instruction générale, du tarif international,
des instructions spéciales et des timbres OR ou OL; ou à
l'appui du même bordereau (article 17, *abonnements
etc.),* s'il s'agit du Bulletin mensuel.

La deuxième expédition de la déclaration N° 903 est
transmise par le Directeur au Ministère — *Direction de
la comptabilité — bureau de l'ordonnancement,* avec
une lettre d'envoi N° 273 *bis.*

410. Approvisionnement de formules de mandats d'articles d'argent. — *L'*approvisionnement de formules de mandats d'articles d'argent de toute sorte, sauf les formules N° 150 destinées à l'expédition des mandats télégraphiques à l'arrivée, a lieu au moyen de formules N°⁵ 861 *(blanches)* et 861 *bis (roses)* établies par les préposés, un mois au moins avant l'épuisement probable des registres en cours. Ces formules sont transmises au Directeur chargé d'en contrôler l'exactitude et de les transmettre ensuite au Ministère.

Les registres de mandats sont envoyés directement aux
préposés par l'administration qui accompagne chaque
envoi d'une lettre d'avis, N° 517, indiquant le nombre et
l'espèce des mandats expédiés; cette lettre est visée par
le préposé puis envoyée au Directeur qui la vise également avant de la réexpédier au Ministère.

En même temps que l'envoi fait aux bureaux, le Directeur reçoit de l'administration les formules N° 861 *bis,*
avec mention de l'approvisionnement envoyé; cet approvisionnement est alors inscrit sur un registre *ad hoc* présentant autant de comptes particuliers qu'il y a de recettes dans le département.

Les formules N° 864 *bis* font retour aux receveurs intére., qui doivent les classer dans leurs archives.

Ainsi qu'il a été dit à l'article 406, les directeurs départementaux sont pourvus annuellement du nombre de registres d'arrivée des mandats télégraphiques N° 150 reconnus nécessaires pour le service du département ; ils en approvisionnent les préposés sur leur demande et font rentrer les registres épuisés. Le service technique, chargé de la comptabilité-matières, est informé mensuellement du mouvement de ces registres au moyen de la formule N° 249.

411. Publication de l'almanach des postes.—

Tout éditeur peut entreprendre, à ses risques et périls, la publication de l'almanach des postes offert au public, par les facteurs, à chaque renouvellement d'année ; mais cette publication doit être soumise au Directeur chargé de fournir à l'éditeur tous les renseignements officiels qui doivent y être contenus et de donner, sur l'épreuve définitive, « *le bon à tirer.* »

Aucune annonce ou réclame ne peut être autorisée sur « *l'almanach des postes* » qui doit porter ce titre ainsi que la mention suivante : « *Publié avec l'autorisation du Directeur du département.* »

412. Remise aux Domaines des imprimés et documents hors de service ou périmés. —

Au mois d'avril de chaque année, le Directeur départemental fait remise aux domaines, pour être vendus au profit de l'État, des documents périmés ou hors de service provenant tant de son bureau administratif que des recettes de son département.

Ces documents sont préalablement vérifiés afin de s'assurer que les délais de conservation, fixés par l'appendice

N° 10 de l'instruction générale, ont été rigoureusement observés.

Ceux de ces documents qui doivent être lacérés avant la vente, ou passés au pilon, font l'objet d'un tri à part.

Enfin le poids est constaté et annoncé au Directeur de l'Enregistrement et des Domaines qui le fait vérifier et donne ensuite, à son collègue des Postes et Télégraphes, reçu des documents livrés.

Lorsque le poids des documents à livrer est relativement minime, la vente à l'amiable peut être autorisée par le Préfet du département, sous les conditions de de destruction préalable de certains de ces documents. Un agent de l'Administration est délégué pour assister à la dénaturation imposée à l'acquéreur.

413. Rapport annuel sur la situation du service. — Dans les deux premiers mois de l'année chaque Directeur doit adresser au Ministère, pour l'année précédente, un rapport d'ensemble sur la situation du double service dans son département.

Ce rapport est divisé en autant de sections que le Ministère comporte de divisions administratives.

Dans une partie de son rapport le Directeur trace l'exposé des considérations générales, et, au besoin, des propositions organiques qu'il croit devoir soumettre à l'examen de l'Administration dans le but d'améliorer le service.

414. Rapport annuel au Préfet pour être soumis au Conseil général. — Quelques jours avant l'ouverture de la session ordinaire du Conseil général, le Directeur adresse au Préfet un rapport d'ensemble sur la situation du service des Postes et des Télégraphes dans le département. Dans ce rapport le Directeur fait ressortir la suite qui a été donnée aux vœux précédemment exprimés par le Conseil Général et les moyens d'arriver à donner satisfaction à ceux qui n'ont pu jusqu'alors être réalisés.

Enfin ce rapport est accompagné de tableaux comparatifs faisant ressortir, tant au point de vue financier qu'au point de vue de l'accroissement du service, les différences constatées entre l'année pour laquelle le rapport est dressé et les deux années précédentes.

415. Rapports et renseignements à transmettre par le Directeur départemental au Service technique. — Le cinq de chaque mois le Directeur doit faire parvenir au service technique le rapport sur la marche du service de l'exploitation télégraphique pendant le mois précédent.

Annuellement, dans la deuxième quinzaine de novembre, le service technique doit recevoir du directeur départemental :

1º Un état des travaux et dépenses à faire pour assurer l'entretien et la réparation des locaux et du matériel.

2º L'état du matériel de poste nécessaire à l'entretien.

3º Le relevé des frais de déplacements extraordinaires prévus pour assurer la réparation des dérangements.

TROISIÈME PARTIE

TRAVAUX EXTÉRIEURS.

———

CHAPITRE Ier

Service des Inspecteurs et Sous-Inspecteurs.

———

416. Dispositions générales. — Le service des Inspecteurs et Sous-Inspecteurs se partage en travaux sédentaires, exécutés au siège de la Direction, et en travaux extérieurs, qui sont de beaucoup les plus importants.

Les travaux sédentaires des Inspecteurs et Sous-Inspecteurs consistent principalement dans la rédaction des enquêtes et des rapports de vérification qu'ils n'ont pu établir sur place, et dans l'étude préalable des modifications de l'organisation dont ils ont cru reconnaître la nécessité au cours de leurs tournées.

La circulaire ministérielle du 24 mars 1882 définit, du reste, en les élargissant, les attributions spéciales de ces agents supérieurs, qui doivent être désormais considérés comme étant plus spécialement affectés au service extérieur d'impulsion et de contrôle qu'au service sédentaire.

C'est ainsi que, dans la plupart des directions, les attributions des agents ont dû être modifiées, et que les commis de Direction les plus exercés se trouvent aujourd'hui chargés des travaux administratifs qui étaient précédemment confiés, par les directeurs, à leurs principaux collaborateurs.

Les travaux extérieurs des Inspecteurs et Sous-Inspecteurs se résument dans :

Les missions spéciales, les installations, l'inspection des établissements de poste et télégraphe et tout ce qui dépend de cette inspection, enfin le relevé des dérangements dans les postes télégraphiques.

§ I. — MISSIONS.

417. Missions spéciales. — Les missions spéciales dont peuvent être chargés les Inspecteurs et Sous-Inspecteurs, soit par le Directeur, soit par ordre du Ministère, sont souvent très délicates et quelquefois difficiles, surtout en ce qui concerne les enquêtes confidentielles.

Ces agents supérieurs doivent montrer, dans l'accomplissement des devoirs qui leur sont imposés, cet esprit de discernement et de modération qui est, du reste, la plus précieuse de leurs qualités et les signale à l'attention du Ministère.

Dans les enquêtes qu'ils effectuent, les Inspecteurs et Sous-Inspecteurs prennent les conclusions que leur suggère la nature particulière des faits ou l'investigation à laquelle ils se sont livrés. Ils ne doivent rien laisser ignorer à leur chef de service et complètent, au besoin, le dossier de chaque affaire par un rapport détaillé et circonstancié.

En un mot, les Inspecteurs et Sous-Inspecteurs en mission sont, en quelque sorte, des juges d'instruction ou enquêteurs qui ne peuvent, pour aucun motif, se laisser fléchir.

La fermeté que l'Administration exige de ces agents supérieurs est loin d'exclure la bienveillance qui est, le plus souvent, un des meilleurs moyens de persuasion.

Dans leurs rapports avec les agents, sous-agents ou courriers qu'ils sont chargés d'interroger ou de vérifier, les Inspecteurs et Sous-Inspecteurs doivent se tenir sur le pied d'une prudente réserve aussi éloignée de la familiarité que d'une trop grande raideur. L'urbanité de manières attire la confiance des subordonnés et permet d'obtenir d'eux, plus facilement, des renseignements souvent très utiles, qu'ils seraient tentés de céler à un agent supérieur dont la froideur ou l'attitude sévère pourrait engendrer un sentiment de crainte.

En un mot les Inspecteurs et Sous-Inspecteurs doivent, par un caractère ferme, bienveillant et digne, inspirer à leurs subordonnés le respect et la confiance.

Dans leurs rapports avec les autorités et le public ils doivent montrer beaucoup de déférence et faire preuve d'initiative, tout en réservant les décisions du chef de service ou de l'Administration, ce qui leur permet de décliner une responsabilité qu'ils ne sauraient assumer.

NOTE. — (En résumant à grands traits, à l'article « Missions » les devoirs des Inspecteurs et Sous-Inspecteurs ainsi que les qualités qu'ils doivent personnifier, nous nous sommes plus spécialement adressé aux jeunes agents qui aspirent à ces fonctions; nous avons voulu, par là, leur donner une faible idée de ce que l'Administration sera en droit d'exiger d'eux un jour.)

§ II. — INSTALLATIONS.

418. Règles générales. — La date des installations des receveurs et facteurs-boîtiers est fixée par l'Administration, soit d'office lorsqu'il s'agit d'agents déjà en fonctions, soit d'après l'avis qui lui est adressé par le directeur, au moyen de la formule N° 407, lorsqu'il s'agit de sujets nouveaux nommés par le préfet.

L'installation des receveurs est effectuée par les Inspecteurs ou Sous-Inspecteurs. En ce qui concerne l'installation des facteurs-boîtiers, cette mission est déléguée, comme charge d'emploi, aux receveurs dont ils relèvent, à moins que ces facteurs-boîtiers soient nouveaux dans le service et n'en aient aucunes notions ; dans ce cas les Inspecteurs ou Sous-Inspecteurs doivent se déplacer tant pour les installer que pour les mettre au courant.

Le premier soin d'un Inspecteur ou Sous-Inspecteur est de s'assurer que l'agent à installer a fait viser sa commission par le Directeur, prêté le serment prescrit et versé, s'il y a lieu, le montant de son cautionnement justifié par le récépissé du receveur des Finances qui a reçu les fonds.

L'Inspecteur s'assure encore que les écritures de caisse sont bien conformes au dernier accusé de crédit; il vérifie les perceptions réalisées depuis cette époque, ainsi que les dépenses effectuées, en établit la situation et fait ressortir l'excédent de valeurs en caisse qui constitue le premier article de recette du receveur entrant, sous le titre de : *fonds reçus des receveurs des postes,* et le dernier article de dépenses du receveur sortant, sous le titre de : *fonds remis aux receveurs des postes.* Cette recette et cette dépense sont justifiées dans les écritures par une quittance N° 651 et par le talon de cette quittance.

L'Inspecteur ou Sous-Inspecteur procède ensuite à la séparation de gestion qui est constatée par son paraphe sur tous les registres en usage dans le bureau, et par un procès-verbal d'installation N° 530 établi en cinq expéditions destinées : l'une au receveur sortant, l'autre au receveur entrant, la troisième au dossier du personnel de ce dernier existant à la direction, la quatrième au Ministère des Postes et Télégraphes, — *direction du personnel*, la cinquième enfin, au Ministère des Finances — *direction générale de la comptabilité publique*.

L'inspecteur ou sous-inspecteur procède encore à la révision des objets de matériel existant au bureau et établit à ce sujet, en quadruple expédition, un inventaire N° 410, destiné : 1° au receveur sortant; 2° au receveur entrant ; 3° au dossier de personnel de ce dernier ; 4° enfin à l'administration — *bureau du Matériel*.

Avant de quitter le bureau, l'inspecteur ou sous-inspecteur fait expédier sous ses yeux, à la direction, le bordereau N°ˢ 40-32 et les comptes spéciaux, rédigés par le receveur sortant, avec les pièces justificatives ; il s'assure en outre que le receveur entrant a bien pris en charge le montant des valeurs qui lui ont été remises par le prédécesseur.

Les pièces justificatives du cautionnement du nouveau receveur sont rapportées par l'Inspecteur ou Sous-Inspecteur ou adressées, le jour même de l'installation, sous bulletin N° 13, à la direction d'où elles sont expédiées, dans la même forme et après en avoir pris note, à l'administration avec la formule N° 476 *bis* détachée de la lettre N° 476 qui a fixé ce cautionnement.

L'installation d'un facteur-boîtier ne donne lieu à aucunes écritures de comptabilité ; elle est constatée, après visa de l'Inspecteur ou Sous-Inspecteur sur les registres en usage dans le bureau, par un procès-verbal N° 880 et un inventaire de matériel N° 410 dressés en quatre expéditions destinées comme il est dit ci-dessus.

419. Installation des receveurs principaux.

— L'installation d'un receveur principal s'effectue comme celle d'un receveur ordinaire, mais elle donne lieu, en outre, à cause de la qualité de cet agent supérieur comme justiciable direct de la Cour des Comptes, à un certificat de reprise de service faisant ressortir l'excédent net des recettes sur les dépenses des receveurs ordinaires du département, excédent que le receveur principal entrant doit prendre en charge, déduction faite des opérations personnelles du receveur principal sortant.

420. Installation de gérant par suite de décès ou d'abandon de fonctions du titulaire d'une recette.

— Dans le cas de décès ou d'abandon de fonctions d'un receveur, il y a lieu de constituer un gérant intérimaire qui, dans le premier cas, opère, après séparation de gestion, pour le compte du receveur qui sera ultérieurement nommé; dans le second cas et avant de constituer l'intérimaire, l'assistance du maire de la commune est requise, au lieu et place du titulaire absent, pour effectuer la séparation de gestion.

421. Comptes de clerc-à-maître.

— Lorsqu'un intérimaire a été constitué à la suite d'une séparation de gestion, l'entrée en fonctions du nouveau titulaire ne donne pas lieu à installation. La remise de service est simplement constatée par un compte de clerc-à-maître N° 918, dressé entre le gérant et le nouveau titulaire et établi en cinq expéditions destinées au même usage que les procès-verbaux d'installation eux-mêmes.

§ III. — Vérification des bureaux et du service en général.

422. Exposé sommaire.

— L'extension considérable qu'a pris depuis quelque temps le double service des postes et télégraphes a fait ressortir la nécessité d'une surveillance assidue et, pour ainsi dire, incessante qui se traduit par la vérification fréquente des établissements et des divers moyens d'exploitation.

C'est ce qui explique que les inspecteurs ou sous-inspecteurs doivent consacrer la majeure partie de leur temps au service extérieur.

Non-seulement ils sont chargés d'inspecter le service dans les bureaux simples, mais encore, et c'est là une tâche délicate, dans les bureaux composés.

Dans leurs tournées d'inspection les Inspecteurs ou Sous-Inspecteurs doivent examiner et étudier, sur place, toutes les améliorations dont le service leur paraît susceptible, ainsi que la judicieuse répartition du travail entre les agents et sous-agents chargés de l'exécuter.

La vérification de chaque établissement de poste et télégraphe donne lieu à la rédaction d'un rapport détaillé portant le N° 390. Ce rapport doit, autant que possible, être communiqué avant le départ de l'agent vérificateur, ou, en cas d'impossibilité absolue, dans le délai de 48 heures.

En dehors de leur procès-verbal N° 390, les agents vérificateurs doivent adresser au Directeur, aussitôt après la vérification terminée : 1° un extrait de ce rapport portant le N° 390 *quinquiès* relatif à la situation de caisse, à la sécurité des valeurs et à la tenue des écritures; 2° un bulletin de vérification N° 390 *bis* (mod. G.), donnant une appréciation sommaire sur le service de l'agent vérifié. Ces deux documents sont envoyés, avec les observations du Directeur, le premier à la *Direction de la comptabilité — Bureau de l'ordonnancement;* le deuxième à l'*Inspection générale de Contrôle.*

423. Indication des points principaux sur

lesquels doit porter l'inspection des bureaux. — Divisions du rapport de vérification N° 390. — L'attention des Inspecteurs ou Sous-Inspecteurs en tournée doit se porter principalement sur les points suivants :

Caisse.

Représentation des valeurs en caisse. — Comparaison avec les écritures. — Ecritures à jour. — Situation en fin de journée. — Remises sur la vente des timbres-poste dans une caisse spéciale. — Déficit de caisse. (Consulter le Directeur et prendre le service, en attendant, si le déficit est important et provient de malversations.)

Ecritures. — Comptabilité.

Tenue du registre de caisse et des registres auxiliaires. — Concordance entre ces écritures. — Ratures et surcharges. — Rectifications prescrites par accusés de crédit non opérées. — Tenue des états journaliers. — Versements aux receveurs des finances. — Fonds de subvention. — Comptabilité télégraphique. — Registre A¹. — Carnet D. — Carnet des remboursements. — Etats journaliers. — Rôles de départ et d'arrivée. — Procès-verbaux n° 305. — Non-réponses. — Réponses tardives. — Altercations avec les correspondants, etc...

Articles d'argent.

Formules de mandats de toute nature sous clef. — Timbres horizontaux appliqués sur ces formules. — Examen du droit perçu. — Rédaction des mandats. — Chiffres latéraux à la souche. — Avis de versement. — Examen du libellé des mandats télégraphiques, de leur transmission régulière et des différents droits perçus. — Mandats de recouvrements. — Droits perçus sur ces mandats. — Mandats d'abonnements et droits perçus. — Mandats divers pour l'étranger. — Inscriptions à l'état 662 ou 662 *bis*. — Examen des mandats payés et de leur inscription au livre N° 17 et à l'état N° 50 ou 50 *bis*. — Timbre à date et N° d'enregistrement au dos des mandats payés. — Examen des justifications d'identité. — Révision des additions des différents registres et états, etc...

Service du guichet.

Affranchissements en numéraire. — Vente des timbres-poste. — Carnet N° 232 et registre N° 797 *bis*. — Opérations de Caisse d'Epargne. — Dépôt des chargements. — Registres N°s 18 et 18 *bis*. — Valeurs à recouvrer. — Visa des paquets en franchise. — Tenue du registre des changements de résidence N° 135. — Distribution au guichet. — Rapports avec le public. — Annotations aux divers documents de service. — Classement des correspondances de l'Administration et des ordres de service. — Répertoire de la correspondance, etc.

Expédition des dépêches.

Levées de la boîte. — Application des timbres. — Lettres à taxer. — Vérification des affranchissements pour l'étranger. — Signalement de la fraude en matière de franchise et de valeurs prohibées et des infractions diverses. — Lettres à réexpédier. — Confection des paquets de chargements. — Confection extérieure et intérieure des dépêches. — Fermeture des dépêches. — Papier, sacs à dépêches et étiquettes. — Examen du registre d'expédition des dépêches. — Rédaction des parts. — Chargement des dépêches. — Tenue et conduite des courriers. — Etat de leur matériel, coffres et boîtes mobiles, etc...

Réception et ouverture des dépêches.

Vérification du nombre et de l'état. — Constatation de l'heure d'arrivée ou de passage des courriers. — Signatures au registre N° 575. — Ouverture des dépêches. — Lettres à taxer. — Tri des objets par les facteurs. — Enregistrement des taxes au livre N° 1124 *bis*. — Répartement des taxes entre les facteurs. — Inscription des chargements d'arrivée au registre N° 19 et aux carnets de distribution N° 287. — Visa de ces carnets. — Classement et réexpédition des lettres adressées poste restante, etc...

Distribution à domicile.

Costume et équipement des facteurs. — Activité, zèle, conduite, exactitude. — Examen de leurs objets de matériel et de leur approvisionnement en timbres-poste. — Rédaction des parts des facteurs locaux et ruraux. — Examen de la durée de leur tournée. — Lettres-timbres sur les correspondances rapportées, etc.

Non-valeurs. — Produits et non-valeurs sans contrôle.

Examen des rebuts. — Délais de garde. — Tenue du registre N° 22 et 22 *bis*. — Fluctuation du chiffre des rebuts. — Lettres réexpédiées (état 41). — Retours à l'envoyeur. — Constatation des produits et non-valeurs sans contrôle. — Comparaison avec les deux années précédentes. — Explication des différences.

Logem nt. — Matériel. — Sécurité.

Emplacement et disposition du bureau. — État des meubles et ustensiles. — État du matériel et des appareils télégraphiques. — Armoires et casiers fermant à clé. — Casiers du départ et des feuilles d'avis. — Classement de ces feuilles. — Salle d'attente. — Avis au public. — État de la boîte. — Règlement intérieur. — Classement des imprimés en usage et des archives. — Entretien des timbres, cachets et tampons. — Approvisionnement d'encre oléique et d'encre spéciale pour le timbrage des lettres. — Examen des conditions de sécurité qu'offrent la disposition et l'installation du bureau.

RÉSUMÉ.

A la fin de leurs rapports N° 390, les Inspecteurs ou Sous-Inspecteurs indiquent sommairement si la gestion des agents vérifiés a été trouvée satisfaisante ou défectueuse. Ils doivent toujours être à même de renseigner verbalement le Directeur sur ce point.

424. Inspection du service extérieur. — Le service extérieur des courriers-convoyeurs, auxiliaires, facteurs-courriers et des entrepreneurs doit être l'objet, de la part des Inspecteurs et Sous-Inspecteurs, d'une surveillance assidue; les rapports qu'ils adressent au Directeur à ce sujet sont suivis par voie d'informations N° 383 ou 383 *bis*, suivant le cas.

Les erreurs ou infractions reconnues en cours de vérification à la charge de bureaux ou d'agents, appartenant
ou n'appartenant pas au département, sont relevées sur
procès-verbaux N° 776 suivis dans la forme ordinaire.

425. Cas de suspension provisoire des comptables par suite de déficit de caisse. — La situation de la caisse est établie et constatée sur le bordereau
des valeurs placé en tête des rapports de vérification.

Si cette situation présente un déficit relativement important que le comptable ne peut combler sur le champ,
il appartient à l'Inspecteur ou Sous-Inspecteur de juger
s'il y a lieu de suspendre le receveur en cause. Dans ce
cas il en informe immédiatement le Directeur en lui demandant ses instructions ; il prend la direction du service et interdit au titulaire suspendu l'entrée du bureau.

Si le Directeur confirme la suspension, l'Inspecteur ou
Sous-Inspecteur installe un gérant provisoire et procède
à la séparation de gestion comme s'il s'agissait d'un nouveau titulaire.

**426. Relevé de dérangements de postes télé-
graphiques.** — Le relevé des dérangements dans les
postes télégraphiques est une des attributions essentielles
des Inspecteurs et Sous-Inspecteurs, ainsi que l'a rappelé
la circulaire du 24 mars 1882.

Les différentes opérations auxquelles donne lieu le relevé des dérangements sont purement pratiques et se
traduisent par des expériences diverses ; ces expériences
font, du reste, l'objet d'un chapitre très intéressant du
guide manuel Houzeau qui ne pourrait être qu'impar-
faitement analysé ici.

CHAPITRE II

Service des Brigadiers-facteurs.

----

427. Dispositions générales. — Les brigadiers-facteurs sont recrutés parmi les sous-agents d'élite qui se distinguent par une bonne tenue, une conduite exemplaire et une certaine dose d'instruction. Leur service se partage en travaux sédentaires, exécutés au siège de la Direction, et en missions ou tournées périodiques sur les divers points du département. Pour les besoins de leur service, les brigadiers doivent tenir constamment au courant des modifications qui surviennent, un registre N° 922 présentant, par établissement de poste, le nom des facteurs de toute catégorie, le service de ces facteurs et les renseignements statistiques extraits des états d'organisation N° 677.

428. Travaux sédentaires des brigadiers-facteurs. — Les travaux sédentaires spéciaux au service de brigadier-facteur consistent : dans la vérification des parts des facteurs N°ˢ 688 et 688 *ter*. Cette vérification comporte : l'examen des empreintes des lettres-timbres des boîtes ; le contrôle du temps employé pour le parcours et du nombre de lettres recueillies et distribuables dans la même tournée ; l'inscription des dépêches administratives, et en général, l'examen de la rédaction des parts. Les documents erronés sont retirés des liasses, rectifiés, s'il y a lieu, et remis, avec note explicative, au Directeur qui les communique aux préposés soit au moyen des arrêtés de vérification N° 811, soit par lettres de rappel spéciales.

La vérification sommaire des parts des courriers d'entreprise, ainsi que celle des relevés de retards N° 85, rentrent également dans les attributions essenti·lles du brigadier-facteur qui remet au Directeur les pièces erronées, avec fiche explicative des résultats de la vérification.

Indépendamment des attributions spéciales ci-dessus désignées, le brigadier-facteur doit exécuter avec empressement tous les travaux d'ordre, d'expédition, de classement et même de vérification que le Directeur veut bien lui confier.

Au chef-lieu, le brigadier-facteur est tenu à huit heures de présence par jour dans les bureaux de la Direction. Il doit toujours être revêtu de l'uniforme règlementaire.

Le brigadier-facteur des postes a autorité sur les facteurs du Télégraphe en cours de distribution ; il doit signaler au Directeur les infractions qu'il a eu lieu de reconnaître dans le service de ces sous-agents (¹).

429. Missions périodiques des brigadiers-facteurs.

— Les tournées périodiques des brigadiers-facteurs ont pour but, soit d'explorer les arrondisse-

---

(1) Dans certains centres importants, les facteurs du télégraphe sont surveillés, au point de vue de leur sortie et de leur rentrée, par des *facteurs-chefs* dont le service est purement sédentaire et qui prenaient précédemment le titre de *Brigadiers-facteurs.*

ments ruraux ou les quartiers de distribution dans lesquels des modifications de service sont à l'étude, soit de surveiller le service de tous les facteurs du département sans exception, en dehors du bureau dont ces facteurs relèvent.

Les missions des brigadiers sont combinées de telle sorte que toutes les communes du département soient visitées dans une période qui varie selon l'importance du département, sans pouvoir excéder deux ans.

Les brigadiers-facteurs en tournée dans les quartiers de distribution ou dans l'arrondissement rural du siège de la direction sont considérés comme en service sédentaire et ne reçoivent aucune indemnité pour ces tournées.

430. Répartition des missions des brigadiers-facteurs entre les douze mois de l'année. — La durée totale des excursions des brigadiers-facteurs est fixée, sauf les cas extraordinaires, à cent jours pour chaque année. Les quatre-vingts premiers jours peuvent être répartis, aussi également que possible, entre les mois de mars, avril, mai, juin, juillet, août, septembre et octobre. Les vingt autres sont réservés pour les mois de novembre, décembre, janvier et février de manière à maintenir les brigadiers-facteurs dans l'habitude de la marche à toutes les époques de l'année. Sous ces conditions générales, les Directeurs sont chargés de régler l'itinéraire des brigadiers-facteurs suivant les circonstances et les nécessités du service.

431. Ordre de mission des brigadiers-facteurs. — Avant de commencer chaque tournée le brigadier-facteur reçoit du Directeur un ordre de mission, N° 282, indiquant le but de cette mission, l'itinéraire à suivre, les personnes auxquelles il doit se présenter, etc.

Le brigadier-facteur en cours de tournée recueille, sur son ordre de mission, le visa ainsi que les observations des receveurs ou distributeurs des bureaux où il passe.

Il consigne, sur ce même ordre de mission, les indications prévues par la formule pour constater ses rencontres avec les facteurs en tournée et appose son visa au tableau N° 5 du part N° 688 ou 688 *ter* de ces facteurs.

432. Visite des boîtes par les brigadiers-facteurs. — Le brigadier-facteur prend, sur un état N° 282 *bis*, les empreintes des lettres-timbres des boîtes des communes de son itinéraire, et remplace celles de ces lettres-timbres qu'il trouve en mauvais état ou qui doivent être modifiées par suite de changements d'organisation.

A cet effet, il est muni d'une clef des boîtes rurales et approvisionné de lettres-timbres qui lui sont confiées par le Directeur.

Il emporte, en outre, les outils nécessaires, soit pour nettoyer, soit pour remplacer ces lettres-timbres.

A chaque visite de boîte rurale le brigadier-facteur dépose dans la boîte visitée un bulletin N° 516 qui en constate l'état.

Il adresse ce bulletin au receveur ou distributeur du bureau dans l'arrondissement duquel la boîte est située; ce préposé le renvoie, après examen, revêtu de son visa et de ses observations, s'il y a lieu, au directeur du département.

433. Signalement des boîtes ou portes de boîtes à mettre hors de service. — Les boîtes ou portes de boîtes qui n'offrent plus une complète sécurité aux correspondances doivent être signalées par le brigadier, non seulement sur le bulletin de visite mais encore dans son rapport.

Les boîtes ou portes de boîtes rurales sont remplacées par l'Administration ; les boîtes ou portes de boîtes supplémentaires locales et rurales sont remplacées aux frais des communes, aussitôt après avis donné aux maires par le Directeur (¹). Si cet avis n'était pas suivi d'effet, la boîte devrait être fermée.

Les boîtes rurales mises hors d'usage sont renvoyées au bureau du matériel, par l'intermédiaire du service technique ; les boîtes supplémentaires restent la propriété des communes qui en ont fait les frais.

434. Obligations diverses des Brigadiers-facteurs en tournée. — Les principales obligations du brigadier-facteur en tournée sont, indépendamment des instructions particulières qu'il a pu recevoir, d'étudier la configuration topographique des tournées, de représenter les lettres rendues par les facteurs comme non distribuables, de se porter à leur rencontre pour vérifier la régularité de leur marche, de leur tenue, leur équipement, leur approvisionnement de timbres-poste et de chiffres-taxes, le contenu de leur boîte ou portefeuille, etc.

Le brigadier-facteur est aussi chargé de surveiller le service des gardiens d'entrepôt, celui des courriers d'entreprise et l'approvisionnement des débitants de timbres-poste étrangers à l'Administration ; enfin, il doit contrôler le résultat des visites prescrites par les instruc-

---

(1) Les anciennes boîtes ou portes de boîtes sont remplacées par de nouvelles boîtes ou portes pourvues de l'appareil mécanique indicateur des levées, système Thiéry.

Les maires doivent être invités de temps à autre, par le Directeur, à substituer le nouveau système à l'ancien, même lorsque les boîtes sont en bon état.

tiens pour le retrait des lettres non distribuées dans les
hôtels.

435. Rapports des Brigadiers-facteurs avec les agents et sous-agents.

— Il est formellement
interdit aux brigadiers-facteurs d'accepter ni logement,
ni repas, ni service de quelque nature que ce soit, de la
part des facteurs, courriers ou gardiens d'entrepôt qu'ils
peuvent être appelés à vérifier.

Les brigadiers-facteurs n'ont pas d'ordres à recevoir
des receveurs des bureaux dans lesquels ils passent ; il
dépend d'eux, selon le temps dont ils disposent ou l'importance du but à atteindre, de décliner respectueuse-
ment ou d'accepter les vérifications spéciales que ces
agents peuvent leur proposer, dans l'intérêt du service,
en dehors de la mission donnée par le Directeur.

436. Rapports de Mission rédigés par les brigadiers-facteurs ; payement de leurs frais de tournées.

— De retour au chef-lieu, le brigadier-
facteur rédige un rapport N° 282 *ter* par lequel il rend
compte du résultat de sa mission.

Le Directeur donne la suite nécessaire aux faits relevés dans le rapport N° 282 *ter;* il conserve ce rapport
dans ses archives, et délivre, au profit du brigadier-facteur, sur le crédit de délégation annuel mis à sa disposition, un mandat d'indemnité appuyé d'un état de frais
N° 527, dûment certifié.

La suite donnée au rapport du brigadier-facteur est
consignée sur un registre N° 282 *quater* résumant tous
les rapports mensuels de cet agent, et faisant connaître
la date de son passage dans chacune des communes du
département.

TABLE DES MATIÈRES

CLASSÉE ALPHABÉTIQUEMENT PAR DIVISIONS

PREMIÈRE PARTIE.

Travaux pratiques des Commis de direction.

CHAPITRE Iᵉʳ. — Vérification des articles d'argent.

CHAPITRE II. — Vérification du produit de la taxe des correspondances.

CHAPITRE IV. — Caisse d'épargne postale.

PREMIERS VERSEMENTS.

VERSEMENTS ULTÉRIEURS

REMBOURSEMENTS. — LIVRETS RÉGLÉS. — LIVRETS NON DISTRIBUÉS

TRANSFERTS.

CHAPITRE V. — Ordonnancement des dépenses.

ORDONNANCES DE DÉLÉGATION.

ÉMISSION DES MANDATS.

Tenue des Écritures de l'Ordonnancement

Demandes de Crédits au Ministère

CHAPITRE VI. — Comptabilité départementale.

DIVISION, CLASSIFICATION ET CENTRALISATION.

VÉRIFICATION DE COMPTABILITÉ DÉPARTEMENTALE.

DISPOSITIONS DIVERSES SE RATTACHANT A LA COMPTABILITÉ.

DEUXIÈME PARTIE.

Travaux généraux du service administratif.

CHAPITRE Ier. — Contentieux.

SUITE A DONNER AUX PROCÉS-VERBAUX D'INFRACTIONS DIVERSES.

CHAPITRE II. — Réclamations. — Surveillance. — Statistique.

— •

RÉCLAMATIONS.

SURVEILLANCE DE SERVICE.

STATISTIQUE. — SERVICE POSTAL.

STATISTIQUE. — SERVICE TÉLÉGRAPHIQUE.

CHAPITRE III. — Recrutement militaire.

NON-DISPONIBILITÉ DE L'ARMÉE.

DISPOSITIONS DIVERSES SE RATTACHANT AU RECRUTEMENT DE L'ARMÉE. — RECRUTEMENT DE LA TÉLÉGRAPHIE MILITAIRE.

CHAPITRE IV. — Personnel.

INSTRUCTION DES CANDIDATURES. — CONDITIONS D'ADMISSION. — EXAMENS.

NOMINATIONS. — PRÉSENTATION AUX EMPLOIS. — HAUTES-PAYES. — INDEMNITÉS DE 1er ÉTABLISSEMENT.

NOTIONS INDIVIDUELLES SUR LES AGENTS ET SOUS-AGENTS. — NOTES PÉRIODIQUES.

SECOURS. — CONGÉS. -- DÉMISSIONS. — CAUTIONNEMENTS. — RETRAITES.

CHAPITRE V. — Organisation du service des Postes et des Télégraphes.

—

DISPOSITIONS GÉNÉRALES.

Organisation des correspondances (Service extérieur).

Organisation des Correspondances. — (Service intérieur).

ORGANISATION DU SERVICE DE LA DISTRIBUTION.

SERVICE EXTRAORDINAIRE DE LA DISTRIBUTION A DOMICILE DANS LES LOCALITÉS VISITÉES PAR LES ETRANGERS.

DEMANDES D'ÉTABLISSEMENTS DE POSTE.— DE BOITES AUX LETTRES SUPPLÉMENTAIRES. — RÉPARATION ET ENTRETIEN DES BOITES.

DEMANDES ET CONCESSIONS DE BUREAUX TÉLÉGRAPHIQUES OU MIXTES.

CHAPITRE VI. — Affaires diverses.

TROISIÈME PARTIE. — Travaux extérieurs.

CHAPITRE Iᵉʳ. — Service des Inspecteurs et Sous-Inspecteurs.

INSTALLATIONS.

VÉRIFICATION DES BUREAUX ET DU SERVICE EN GÉNÉRAL.

CHAPITRE II. - Service des Brigadiers-Facteurs.

6210 — Nantes, Imp. de l'Ouest, rue de la Fosse, 54.

www.ingramcontent.com/pod-product-compliance
Lightning Source LLC
LaVergne TN
LVHW050350060726
842524LV00002B/307